AF765019

आर्टिफिशियल इंटेलिजेंस

भविष्य के लिए बच्चों की मार्गदर्शिका

प्रियंका वर्मा

डायमंड बुक्स
www.diamondbooks.in

प्रकाशक : डायमंड पॉकेट बुक्स प्रा.लि.
X-30, ओखला इंडस्ट्रियल एरिया, फेज-2
नई दिल्ली-110020
फोन : 011-40712200
ई-मेल : wecare@diamondbooks.in
वेबसाइट : www.diamondbooks.in
संस्करण : 2025

प्रस्तावना

आर्टिफिशियल इंटेलिजेंस (एआई) अब भविष्य की बात नहीं रही - यह हमारे वर्तमान का एक बहुत बड़ा हिस्सा है। हमारे हाथों में स्मार्टफोन से लेकर स्कूल और घर पर उपयोग किए जाने वाले एप्स तक, एआई चुपचाप यह आकार दे रहा है कि हम कैसे सीखते हैं, जीते हैं और बढ़ते हैं।

फिर भी, भारत भर के अधिकांश क्लासरूम में, बच्चों को अभी भी यह सिखाया जाता है कि कंप्यूटर क्या है - लेकिन यह नहीं कि वह हमारी तरह सोचना कैसे सीख रहा है।

यह पुस्तक, "आर्टिफिशियल इंटेलिजेंस को समझना: भविष्य के लिए बच्चों की मार्गदर्शिका," उस बदलाव की दिशा में एक क़दम है।

यह विशेष रूप से कक्षा 5 से 8 तक के छात्रों के लिए लिखी गई है, इस विश्वास के साथ कि हर बच्चा - चाहे वे कहीं भी रहते हों या किसी भी पृष्ठभूमि से आते हों - उस तकनीक के बारे में जानने का हक़दार है जो उनके भविष्य को आकार देगी।

समग्र शिक्षा कार्यक्रम और राष्ट्रीय शिक्षा नीति (एनईपी) 2020 के दृष्टिकोण के अनुरूप, यह पुस्तक एआई की अवधारणा को एक सरल, सहज और रोमांचक तरीके से प्रस्तुत करती है। यह मशीन लर्निंग, डेटा, न्यूरल नेटवर्क और एआई नैतिकता जैसे बड़े विचारों को कहानियों, उदाहरणों और व्यावहारिक गतिविधियों का उपयोग करके समझाती है।

इससे भी महत्वपूर्ण बात यह है कि यह पुस्तक हर जिज्ञासु शिक्षार्थी के 5 Ws का उत्तर देती है:
एआई क्या है?

इसे क्यों बनाया गया?
यह कब शुरू हुआ?
इसका उपयोग कहाँ किया जाता है?
इसे कौन बनाता और नियंत्रित करता है?
बच्चे जानेंगे कि एआई भारत को आगे बढ़ने में कैसे मदद कर रहा है - खेतों से लेकर अस्पतालों तक, अंतरिक्ष मिशन से लेकर स्कूल के क्लासरूम तक। उन्हें आलोचनात्मक रूप से सोचने, प्रश्न पूछने और एक ज़िम्मेदार और समावेशी एआई-संचालित भविष्य के निर्माण में अपनी भूमिका तलाशने के लिए भी प्रोत्साहित किया जाएगा।

यह सिर्फ मशीनों के बारे में एक किताब नहीं है। यह युवा दिमागों के बारे में एक किताब है - और वे किस तरह की दुनिया बनाने में मदद करेंगे।

हमें उम्मीद है कि यह पुस्तक छात्रों, शिक्षकों और माता-पिता को समान रूप से एआई को डरने वाली चीज़ के रूप में नहीं, बल्कि समझने, बुद्धिमानी से उपयोग करने और दिल, नैतिकता और कल्पना के साथ निर्माण करने वाली चीज़ के रूप में देखने के लिए प्रेरित करेगी।

आइए सीखना शुरू करें।

— प्रियंका वर्मा

विषय-सूची

अध्याय 1

कृत्रिम बुद्धिमत्ता क्या है?

क्या आपने कभी अपने फोन से अपना पसंदीदा गाना बजाने को कहा है, Google का उपयोग करके कोई वाक्य पूरा किया है, या YouTube द्वारा सुझाया गया कोई वीडियो देखा है? शायद आपने देखा है कि आपका कैमरा एप आपके चेहरे को पहचान रहा है या आपकी स्मार्टवॉच आपको चलने की याद दिला रही है। अगर आपने इनमें से कोई भी चीज़ देखी है, तो बधाई हो — आप पहले से ही कृत्रिम बुद्धिमत्ता, या AI से मिल चुके हैं!

लेकिन AI वास्तव में क्या है? क्या यह एक रोबोट है? एक मशीन है? जादुई शक्तियों वाला कंप्यूटर है? क्या यह केवल साइंस फिक्शन है? या यह कुछ वास्तविक और उपयोगी है, जैसे बिजली या इंटरनेट?

आइए इन सवालों को एक साथ जानते हैं।

“कृत्रिम बुद्धिमत्ता” का क्या मतलब है?

आइए इस शब्द को दो भागों में बांटकर शुरू करें:

• कृत्रिम का मतलब है कुछ मानव निर्मित, प्राकृतिक नहीं।

• बुद्धिमत्ता का मतलब है सोचने, समझने, सीखने और निर्णय लेने की क्षमता।

तो जब हम कृत्रिम बुद्धिमत्ता कहते हैं, तो हमारा मतलब है वे मशीनें जो इंसानों द्वारा बनाई गई हैं ताकि वे स्मार्ट तरीके से सोच और काम कर सकें — हमारी तरह।

AI केवल रोबोट के बारे में नहीं है। AI हो सकता है:

• आपके फोन पर एक एप जो आपकी आवाज़ को समझता है

• एक प्रोग्राम जो डॉक्टरों को बीमारियों का पता लगाने में मदद करता है

• एक मशीन जो किसानों को बताती है कि फसल को कब पानी देना है

• एक स्मार्ट गेम जो सीखता है कि आप कैसे खेलते हैं और समय के साथ बेहतर होता जाता है

सरल शब्दों में, AI तब होता है जब कंप्यूटर को सिखाया जाता है कि वे इंसानों की तरह सोचें, सीखें और समस्याओं को हल करें — लेकिन आमतौर पर तेज़ी से और बहुत सारे डेटा का उपयोग करके।

क्या मशीनें वास्तव में सोच सकती हैं?

यहाँ एक मज़ेदार सवाल है: क्या कोई मशीन वास्तव में किसी व्यक्ति की तरह सोच सकती है?

खैर, हाँ और नहीं।

मशीनों में इंसानों की तरह भावनाएं नहीं होतीं। वे उत्साहित, उदास या बोर नहीं हो सकतीं। लेकिन वे पैटर्न पहचानना और निर्णय लेना सीख सकती हैं

— कभी-कभी इंसानों से भी बेहतर क्योंकि वे बिना थके बहुत सारे डेटा का उपयोग कर सकती हैं।

आइए एक उदाहरण लेते हैं: अगर आप अपने दोस्त को सेब की 10 तस्वीरें और आम की 10 तस्वीरें दिखाएं, तो वे जल्दी ही सीख जाएंगे कि उन्हें कैसे अलग करना है।
अब अगर आप एक कंप्यूटर को फलों की 10,000 तस्वीरें दिखाएं और उसे बताएं कि कौन सा क्या है, तो वह सीखना शुरू कर देगा और पैटर्न पहचानेगा। अंततः, यह आपको यह भी बता सकता है कि कोई फल ताज़ा है या सड़ा हुआ!
यह मशीन लर्निंग है, AI का एक बड़ा हिस्सा। हम इसके बारे में अध्याय 3 में और बात करेंगे।

मानव मस्तिष्क बनाम AI मस्तिष्क

AI का हमारी तरह कोई वास्तविक मस्तिष्क नहीं है, लेकिन वैज्ञानिक कंप्यूटर मॉडल बनाते हैं जो मस्तिष्क के न्यूरॉन्स की तरह काम करने की कोशिश करते हैं।
आइए तुलना करें:

कार्य	मानव मस्तिष्क	AI (मशीन मस्तिष्क)
भाषाएं सीखना	सुनने, बोलने और पढ़ने के माध्यम से	किताबों, रिकॉर्डिंग और अनुवाद डेटा से
चेहरे पहचानना	स्मृति और भावनाओं से	चेहरे की विशेषताओं को स्कैन करके
शतरंज खेलना	आगे सोचकर और अभ्यास करके	हर संभावित चाल की गणना करके
कला या संगीत बनाना	रचनात्मकता और कल्पना का उपयोग करके	पैटर्न और पिछले उदाहरणों का उपयोग करके

मानव मस्तिष्क रचनात्मकता, भावना और सामान्य ज्ञान से भरा है। AI मस्तिष्क गति, तर्क और स्मृति से भरा है। दोनों की अपनी ताकतें हैं — लेकिन वे एक साथ काम करने पर सबसे अच्छे हैं!

आज AI क्या कर सकता है?

AI अब ऐसी चीज़ें कर सकता है जिसकी हमने 20 साल पहले कल्पना भी नहीं की थी। **कुछ उदाहरण हैं:**

• चैटबॉट जो वेबसाइटों पर आपके सवालों का जवाब देते हैं
• वर्चुअल असिस्टेंट जैसे Alexa या Siri जो रिमाइंडर सेट करते हैं, चुटकुले सुनाते हैं या संगीत बजाते हैं
• सिफारिश प्रणालियां जो फिल्में या गाने सुझाती हैं
• मैप्स जो स्कूल का सबसे तेज़ रास्ता दिखाते हैं
• स्वास्थ्य एप्स जो नींद और व्यायाम को ट्रैक करने में मदद करते हैं
• स्मार्ट घर जो आपके अंदर आने पर लाइट चालू कर देते हैं

और यह केवल शुरुआत है!

मज़ेदार तथ्य: AI अंतरिक्ष यात्रियों को अंतरिक्ष मिशन में भी मदद करता है रोबोट को गाइड करके और अंतरिक्ष की चट्टानों का विश्लेषण करके!

AI के प्रकार (सरल सिंहावलोकन)

आइए AI के तीन स्तरों को देखते हैं, जैसे स्कूल के चरण:

1. ANI (कृत्रिम संकीर्ण बुद्धिमत्ता)
o यह वह AI है जिसका हम आज उपयोग करते हैं।
o यह केवल एक काम में अच्छा है — जैसे गाना सुझाना या सवाल का जवाब देना।

o यह उससे अलग कुछ नहीं कर सकता जिसके लिए इसे प्रशिक्षित किया गया है।

2. AGI (कृत्रिम सामान्य बुद्धिमत्ता)

o यह वह AI है जो इंसानों की तरह सोच और सीख सकता है, कई विषयों में।

o यह अभी भी यहाँ नहीं है — वैज्ञानिक इस पर काम कर रहे हैं!

3. ASI (कृत्रिम सुपर बुद्धिमत्ता)

o यह वह AI होगी जो हर तरह से इंसानों से ज्यादा स्मार्ट होगी।

o यह अभी भी मौजूद नहीं है — और शायद कभी नहीं बनाई जाएगी।

इसे इस तरह सोचें:

प्रकार	जैसे...	क्या यह कई काम कर सकता है?
ANI	कैलकुलेटर	नहीं — केवल गणित
AGI	स्मार्ट छात्र	हाँ — कई विषयों में
ASI	सुपर जीनियस	शायद — अभी वास्तविक नहीं

AI की शुरुआत कब हुई?

AI नया लग सकता है, लेकिन लोग इसके बारे में लंबे समय से सपने देख रहे हैं।

- **1950s:** Alan Turing नाम के एक प्रसिद्ध वैज्ञानिक ने पूछा था, "क्या मशीनें सोच सकती हैं?"
- **1960s–1980s:** सरल AI का उपयोग शतरंज खेलने और गणित की समस्याओं को हल करने के लिए किया गया था।
- **1997:** एक कंप्यूटर ने शतरंज के विश्व चैंपियन को हराया!

• **2010s:** AI फोन, एप्स और वेबसाइटों में आम हो गया।
• **2020s:** AI ने खेती, दवा, शिक्षा और यहाँ तक कि कला में भी मदद करना शुरू किया।

भारत में, हम गांवों, अस्पतालों और स्कूलों में AI का उपयोग कर रहे हैं — इसे दैनिक जीवन का हिस्सा बना रहे हैं।

दैनिक जीवन में हम AI को कहाँ देखते हैं?

अपने आसपास देखें! AI साफ़ नज़र में छुपा हुआ है।

• जब आपका फोन आपके चेहरे का उपयोग करके खुलता है — AI वहाँ है।
• जब YouTube आपका अगला वीडियो सुझाता है — AI आपकी पसंद देख रहा है।
• जब आपका कैमरा आपकी सेल्फी में कुत्ते के कान या मज़ेदार चश्मे लगाता है — वो भी AI है।
• जब फूड डिलीवरी एप अंदाज़ा लगाता है कि आप क्या ऑर्डर करना चाहते हैं — AI बैकग्राउंड में काम कर रहा है।

AI बिजली की तरह है — आप इसे देख नहीं सकते, लेकिन इसकी उपस्थिति हर जगह महसूस कर सकते हैं!

बच्चों को AI के बारे में क्यों सीखना चाहिए?

आप भारत का भविष्य हैं। और आपका भविष्य AI से भरा होगा।

AI के बारे में सीखने से आपको मदद मिलती है:
• समझने में कि दुनिया कैसे बदल रही है
• तकनीक के स्मार्ट और सुरक्षित उपयोगकर्ता बनने में
• डिजिटल टूल्स का उपयोग करके वास्तविक जीवन की समस्याओं को हल

करने में
• रोमांचक करियर के लिए तैयार होने में
• सवाल पूछने और अपने ख़ुद के AI प्रोजेक्ट बनाने में!

आपको वैज्ञानिक होने की ज़रूरत नहीं है। आप किसान, कलाकार, डॉक्टर, शिक्षक या डिज़ाइनर हो सकते हैं — और फिर भी अपने काम में AI का उपयोग कर सकते हैं।

AI कोई विषय नहीं है — यह एक सुपर स्किल है।

गतिविधि: अपनी ख़ुद की स्मार्ट मशीन डिज़ाइन करें!

अपने ख़ुद के AI रोबोट या ऐप की कल्पना करें। इसे एक नाम दें। यह क्या करेगा?

• क्या यह आपके होमवर्क में मदद करेगा?
• क्या यह आपकी दादी माँ को उनकी दवा लेने में मदद करेगा? • क्या यह आपके कपड़े छांटेगा या आपका स्कूल बैग पैक करेगा?

इसे ड्रॉ करें और 5 चीज़ें लिखें जो यह कर सकता है।

बोनस: इसे अपनी कक्षा में प्रस्तुत करें या अपने स्कूल की AI दीवार के लिए एक पोस्टर बनाएं!

सारांश: हमने क्या सीखा?

मुख्य विचार	इसका मतलब क्या है
कृत्रिम बुद्धिमत्ता	मशीनें जो इंसानों की तरह स्मार्ट तरीके से सोचती, सीखती और काम करती हैं
दैनिक जीवन में AI	फोन, घरों, स्कूलों, अस्पतालों और गेम्स में मिलता है

AI बनाम मानव मस्तिष्क	AI तार्किक और तेज़ है; इंसान रचनात्मक और भावनात्मक हैं
AI के प्रकार	ANI (आज), AGI (भविष्य), ASI (सपना!)
AI क्यों सीखें?	भविष्य के लिए तैयार होने, समस्याओं को हल करने और रचनाकार बनने के लिए

आज का विचार

"AI को समझने के लिए आपको बड़े होने की ज़रूरत नहीं है। आपको बस जिज्ञासु होने की जरूरत है। और आज, आपकी सीख पहले से ही शुरू हो गई है।"

अध्याय 2

AI के 5Ws

क्या, क्यों, कब, कहाँ, कौन

हर बार जब हम कुछ नया सीखते हैं, तो इसे समझने का सबसे अच्छा तरीका प्रश्न पूछना है। जिज्ञासु बच्चे — बिल्कुल आपकी तरह — हमेशा ऐसे प्रश्न पूछते हैं:

- यह क्या है?
- यह क्यों महत्वपूर्ण है?
- यह कब शुरू हुआ?
- इसका उपयोग कहाँ किया जाता है?
- इसे किसने बनाया?

इन्हें 5Ws कहा जाता है — जीवन में किसी भी चीज़ को समझने का एक शक्तिशाली तरीका, जिसमें कृत्रिम बुद्धिमत्ता (AI) भी शामिल है।

इस अध्याय में, आइए AI जासूस बनते हैं और इन सभी प्रश्नों का विस्तार से उत्तर देते हैं।

1. कृत्रिम बुद्धिमत्ता क्या है?

AI, या कृत्रिम बुद्धिमत्ता, का मतलब है ऐसी मशीनें जो इंसानों की तरह सीख सकती हैं, सोच सकती हैं, और काम कर सकती हैं।

लेकिन इसका वास्तव में क्या मतलब है?

उन सभी चीजों के बारे में सोचिए जो आप हर दिन करते हैं — सुनना, सीखना, चुनना, बोलना, और समस्याओं को हल करना। अब कल्पना करिए कि एक कंप्यूटर भी वही काम कर रहा है — आपकी आवाज़ को समझना, फैसले लेना, ग़लतियों से सीखना, और आपको स्मार्ट सुझाव देना।

यही AI है!

AI सिर्फ चेहरे वाले रोबोट नहीं हैं। इसमें शामिल है:
- वॉयस असिस्टेंट (जैसे अलेक्सा और गूगल असिस्टेंट)
- एप्स जो आपकी स्पेलिंग सुधारते हैं
- गेम्स जो आपके खेलने के साथ कठिन होते जाते हैं
- स्मार्टवॉच जो आपको पानी पीने की याद दिलाती है
- भाषा सीखने वाले एप्स जो समझते हैं कि आप कैसे सीखते हैं

AI आपके चारों ओर है — बस यह चुपचाप पर्दे के पीछे काम करता है।

मज़ेदार बात: जब आप YouTube पर “skip ad” दबाते हैं, तो AI आपकी पसंद को नोट करता है और अगली बार ऐसे ही विज्ञापन छोड़ने की कोशिश करता है। यह सीख रहा है कि आपको क्या पसंद है।

2. AI क्यों बनाया गया था?

AI सिर्फ अच्छा दिखने के लिए नहीं बनाया गया था। यह जीवन को आसान बनाने और वास्तविक समस्याओं को हल करने के लिए बनाया गया था।

इंसान रचनात्मक, भावनात्मक और बुद्धिमान होते हैं — लेकिन हम थक भी जाते हैं, चीज़ें भूल जाते हैं, और ग़लतियां करते हैं। मशीनें तेज़, सटीक होती हैं, और उन्हें आराम की ज़रूरत नहीं होती।

इसीलिए वैज्ञानिकों ने AI बनाने का फैसला किया:

- इंसानों को बोरिंग या कठिन कामों में मदद करने के लिए
- डेटा का उपयोग करके बड़ी समस्याओं को हल करने के लिए
- सीखने, खेती, स्वास्थ्य, और परिवहन के लिए स्मार्ट उपकरण बनाने के लिए
- नई दुनिया की खोज करने के लिए — जैसे गहरा समुद्र या अंतरिक्ष

आइए देखते हैं कि AI क्यों उपयोगी है:

कार्य	AI से पहले	AI के बाद
मौसम की भविष्यवाणी	दिनों लगते थे	मिनटों में हो जाता है
बीमारियों का पता लगाना	बहुत सारे लैब टेस्ट चाहिए होते थे	AI स्कैन जल्दी शुरुआती संकेत ढूंढ सकते हैं
भाषाओं का अनुवाद	इंसानी अनुवादकों की जरूरत	AI ऐप्स तुरंत कर सकते हैं
गुमशुदा व्यक्तियों को ढूंढना	हफ्तों की पुलिस की मेहनत	AI कैमरा डेटा का उपयोग करके तेज़ी से खोज सकता है

तो "AI क्यों?" का सच्चा जवाब सरल है: इंसानों को बेहतर इंसान बनने में मदद करने के लिए — और मशीनों को हमारी मदद करने में बेहतर बनाने के लिए।

3. AI कब शुरू हुआ?

AI एक नया विचार लग सकता है, लेकिन यह दशकों से मौजूद है।

यहाँ एक त्वरित समयरेखा है जो दिखाती है कि हमने कितनी प्रगति की है:

वर्ष	क्या हुआ
1950	एलन ट्यूरिंग ने पूछा, "क्या मशीनें सोच सकती हैं?"
1956	पहली बार कृत्रिम बुद्धिमत्ता शब्द का उपयोग हुआ
1980s	शुरुआती AI का उपयोग गणित हल करने और शतरंज जैसे खेल खेलने के लिए
1997	IBM के डीप ब्लू कंप्यूटर ने विश्व शतरंज चैंपियन गैरी कास्पारोव को हराया
2007–2010	AI स्मार्टफोन और ऐप्स में दिखाई देना शुरू हुआ
2015–2020	AI स्वास्थ्य, कृषि, और स्मार्ट उपकरणों में मदद करना शुरू हुआ
आज	AI का उपयोग शिक्षा, खेती, अस्पतालों, और यहाँ तक कि अंतरिक्ष में भी!

क्या आप जानते हैं? भारत की अंतरिक्ष एजेंसी ISRO ने 2023 में चंद्रयान-3 चाँद पर उतारने में मार्गदर्शन के लिए AI का उपयोग किया।
तो जबकि AI आधुनिक लगता है, इसका एक समृद्ध और रोमांचक इतिहास है — और यह अभी शुरुआत है!

4. हम AI का उपयोग कहाँ करते हैं?

AI किसी साइंस लैब में बंद नहीं है या केवल बड़े शहरों में नहीं मिलता। इसका उपयोग हर जगह होता है — घरों में, स्कूलों में, खेतों में, अस्पतालों में, बैंकों में, और यहाँ तक कि आपके पड़ोस की किराने की दुकान में भी।

यहाँ कुछ सामान्य जगहें हैं जहाँ आप AI को अपने लिए काम करते हुए पाएंगे:

घरों में:
- वॉयस असिस्टेंट जो सवालों के जवाब देते हैं
- स्मार्ट टीवी जो शो की सिफारिश करते हैं
- सिक्योरिटी सिस्टम जो हलचल का पता लगाते हैं
- फ्रिज़ जो बताते हैं कि कौन सा सामान ख़रीदना है

स्कूलों में:
- सीखने वाले एप्स जैसे बायजूस या डुओलिंगो
- स्पेलचेकर और निबंध जांचने वाले
- ऑनलाइन क्विज़ जो आपकी गति के अनुसार ढलते हैं
- चेहरा पहचानने वाले हाज़िरी सिस्टम

अस्पतालों में:
- AI द्वारा पढ़े जाने वाले स्कैन जो तेज़ परिणाम देते हैं
- स्वास्थ्य एप्स जो दिल की धड़कन ट्रैक करते हैं
- सर्जरी में मदद करने वाले रोबोट

खेतों और गाँवों में:
- AI एप्स जो फसल की सेहत जांचते हैं
- किसानों के लिए मौसम की भविष्यवाणी
- स्मार्ट सिंचाई सिस्टम

शहरों में:
- ट्रैफिक जाम कम करने के लिए AI
- निगरानी कैमरे जो दुर्घटनाओं का पता लगाते हैं
- रेलवे स्टेशन और हवाई अड्डों पर वॉयस बॉट

सच्ची कहानी: बेंगलुरु में, ट्रैफिक लाइट अब रियल-टाइम ट्रैफिक के आधार पर प्रतीक्षा समय कम करने के लिए AI का उपयोग करती हैं!

5. AI को किसने बनाया — और कौन इसका उपयोग करता है?

AI की कल्पना पहली बार गणितज्ञों और कंप्यूटर वैज्ञानिकों ने की थी। लेकिन आज, AI विविध लोगों की टीम द्वारा बनाया जाता है — और इसका उपयोग हर कोई करता है, जिसमें आप भी शामिल हैं।

आइए AI के पीछे के लोगों से मिलते हैं:

कौन?	**वे क्या करते हैं**
AI इंजीनियर	स्मार्ट सिस्टम बनाते और टेस्ट करते हैं
डेटा साइंटिस्ट	मशीनों को सीखने में मदद करने के लिए डेटा देते हैं
डिज़ाइनर	मित्रवत AI ऐप्स और उपकरण बनाते हैं
शिक्षक और विशेषज्ञ	तय करते हैं कि क्लासरूम और अस्पतालों में AI का उपयोग कैसे करें
नीति निर्माता	AI को सुरक्षित और न्यायसंगत तरीके से उपयोग करने के लिए नियम बनाते हैं
छात्र (आपकी तरह!)	अपने समुदाय के लिए AI सीखते, प्रयोग करते, और बनाते हैं

AI सिर्फ सफेद कोट पहने लोगों या कंप्यूटर लैब के लोगों के लिए नहीं है। यदि आपके पास विचार, जिज्ञासा और दयालुता है — तो आप भी AI के भविष्य को आकार देने में मदद कर सकते हैं।

यदि AI मौजूद नहीं होता तो क्या होता?

आइए एक त्वरित कल्पना का खेल खेलते हैं।

यदि AI आज गायब हो जाए...
- आपको हर शब्द टाइप करना पड़ेगा — कोई ऑटोकरेक्ट नहीं!
- गूगल मैप्स आपको नहीं बता सकता कि किस रास्ते में ट्रैफिक है।
- डॉक्टरों को बीमारी का पता लगाने में ज़्यादा समय लगेगा।
- सीखने वाले एप्स आपकी गति के अनुसार ढलना बंद कर देंगे।
- YouTube कभी आपके पसंदीदा वीडियो की सिफारिश नहीं करेगा।

जीवन फिर भी चलता रहेगा, लेकिन यह धीमा, कम व्यक्तिगत, और अधिक कठिन होगा।

इसीलिए AI आधुनिक जीवन का इतना महत्वपूर्ण हिस्सा बनता जा रहा है — यह हमें समय बचाने, स्मार्ट रहने, और चीज़ों को बेहतर करने में मदद करता है।

AI के 5Ws की त्वरित समीक्षा

W	प्रश्न	सारांश उत्तर
What	AI क्या है?	स्मार्ट मशीनें जो सीखती हैं, फैसले लेती हैं, और इंसानों की मदद करती हैं
Why	यह क्यों बनाया गया?	समस्याओं को हल करने, समय बचाने, और जीवन को बेहतर बनाने के लिए

When	यह कब शुरू हुआ?	70 साल से भी पहले — और हर साल बढ़ रहा है
Where	इसका उपयोग कहाँ होता है?	घरों, स्कूलों, खेतों, शहरों — हर जगह!
Who	इसे कौन बनाता और उपयोग करता है?	इंजीनियर, डिज़ाइनर, शिक्षक, छात्र — आप भी शामिल हैं!

ख़ुद कोशिश करें!

1. **अपना 5Ws टेबल बनाएं:** कोई और चीज़ चुनें जो आपको पसंद है (जैसे क्रिकेट या संगीत) और इसके बारे में 5Ws लिखें।

2. **किसी बड़े का इंटरव्यू लें:** घर में किसी से पूछें कि AI उनकी दैनिक जीवन में कैसे मदद करता है। (शायद ऑनलाइन शॉपिंग करते समय या अलार्म सेट करते समय!)

3. **इसे चित्र में बनाएं:** अपने उदाहरणों के साथ AI के 5Ws का एक पोस्टर बनाएं। इसे अपनी क्लास के साथ साझा करें!

दिन का विचार

"प्रश्न पूछना आपको एक विचारक बनाता है। 5Ws पूछना आपको भविष्य का आविष्कारक बनाता है।"

अध्याय 3

AI कैसे काम करता है?

अब तक, आपने सीखा है कि AI क्या है, यह क्यों महत्वपूर्ण है, और इसका उपयोग कहाँ होता है। अब समय आ गया है सबसे महत्वपूर्ण प्रश्नों में से एक का उत्तर देने का:

AI वास्तव में कैसे काम करता है? कंप्यूटर बिल्ली को पहचानना, आपके पसंदीदा संगीत की सिफारिश करना, या किसानों को फसल की बीमारियों का पता लगाने में मदद करना कैसे सीखता है?

चिंता न करें — इसे समझने के लिए आपको कोडर या वैज्ञानिक होने की ज़रूरत नहीं है। आपको बस जिज्ञासु होने की ज़रूरत है। और आप पहले से ही हैं!

AI एक इंसानी सीखने वाले की तरह काम करता है

आइए कुछ सरल से शुरू करते हैं: आप।

जब आप छोटे थे, तो आपने कुत्ते और बिल्ली के बीच अंतर करना कैसे सीखा?

आपने शायद:
• दोनों की बहुत सारी तस्वीरें देखीं
• लोगों को कहते सुना "यह कुत्ता है" या "यह बिल्ली है"
• विशेषताएं नोट कीं: कुत्ते भौंकते हैं, बिल्लियाँ म्याऊं करती हैं; कुत्ते आमतौर पर बड़े होते हैं
• अंततः, आप आसानी से उन्हें पहचान सकते थे

यही बिल्कुल वैसे ही AI सीखता है — उदाहरण देखकर, पैटर्न पहचानकर, और समय के साथ सीखकर।

आइए इस सीखने की यात्रा को पांच सरल चरणों में समझते हैं।

चरण 1: डेटा एकत्रित करना

डेटा सिर्फ जानकारी के लिए एक फैंसी शब्द है। यह संख्याएं, टेक्स्ट, चित्र, आवाज़ें, या वीडियो हो सकते हैं।

जैसे आपको सीखने के लिए स्कूल की किताबों की ज़रूरत होती है, वैसे ही AI को शुरू करने के लिए डेटा की जरूरत होती है।

डेटा के उदाहरण:
• फलों की तस्वीरें
• जानवरों के वीडियो
• आवाज़ की रिकॉर्डिंग
• GPS स्थान
• लोगों द्वारा ऑनलाइन ख़रीदी जाने वाली चीज़ों के नाम

AI के पास जितना ज़्यादा डेटा होगा, उतना ज़्यादा वह सीख सकेगा।

मज़ेदार तथ्य: Google Translate को 100 से अधिक भाषाओं में किताबों और वेबसाइटों के अरबों शब्दों पर प्रशिक्षित किया गया है!

चरण 2: पैटर्न ढूंढना

AI डेटा देखने के बाद, यह पैटर्न नोटिस करना शुरू करता है।

मान लेते हैं कि यह जानवरों के बारे में सीख रहा है:
- बिल्लियों के आमतौर पर नुकीले कान होते हैं
- कुत्तों की अक्सर लंबी थूथन होती है
- पक्षियों के पंख होते हैं

यह समान चीज़ों को जोड़ता है और उन्हें समूहबद्ध करना शुरू करता है।

यह चरण महत्वपूर्ण है क्योंकि पैटर्न AI को बाद में निर्णय लेने में मदद करते हैं। जैसे आप जानते हैं कि अगर बादल छाए हैं, तो बारिश हो सकती है — AI पैटर्न के आधार पर भविष्यवाणी करना सीखता है।

चरण 3: AI को प्रशिक्षित करना

एक बार पैटर्न मिल जाने के बाद, मशीन लर्निंग का समय आता है — जिसका मतलब है कि मशीन को एक छात्र की तरह सोचने के लिए प्रशिक्षित किया जाता है।

AI सीखने के तीन मुख्य तरीके हैं:

1. सुपरवाइज़्ड लर्निंग:
- यह एक शिक्षक के साथ सीखने जैसा है।
- आप AI को सही उत्तरों के साथ उदाहरण दिखाते हैं।
- **उदाहरण:** "यह आम है। यह संतरा है।"

AI सीखता है: "ओह! आम अंडाकार होते हैं, संतरे गोल होते हैं।"

2. अनसुपरवाइज़्ड लर्निंग:

- AI को उत्तर नहीं मिलते। यह अपने आप चीज़ों को समूहबद्ध करता है।
- **उदाहरण:** यह 1,000 फलों की तस्वीरें देखता है लेकिन नाम नहीं जानता।
- **यह सीखता है:** "ये वाले एक जैसे दिखते हैं... शायद ये एक साथ आते हैं।"

जैसे आप किसी पहेली में पैटर्न का अनुमान लगाते हैं बिना कोई उत्तर बताए।

3. रीइंफोर्समेंट लर्निंग:

- AI परीक्षण और त्रुटि से सीखता है — जैसे एक गेम।
- अगर यह कुछ सही करता है, तो इसे इनाम मिलता है।
- अगर यह ग़लत है, तो यह फिर से कोशिश करता है।

बिल्कुल जैसे जब आप वीडियो गेम खेलते हैं — आप हर लेवल के बाद बेहतर होते जाते हैं!

एक मज़ेदार उदाहरण: स्नैकबॉट को सिखाना!

आइए कल्पना करते हैं कि आपने स्नैकबॉट नाम का एक रोबोट बनाया है, और आप इसे अपनी नाश्ते की पसंद सिखाना चाहते हैं।

यहाँ बताया गया है कि आप AI का उपयोग करके स्नैकबॉट को कैसे सिखाएंगे:

एक हफ्ते बाद, स्नैकबॉट भविष्यवाणी करना शुरू करता है: "शुक्रवार है — मेरा इंसान शायद केला चाहेगा!"

यही AI है जो डेटा और व्यवहार से सीखता है।

दिन	दिया गया नाश्ता	आपको पसंद है?	स्नैकबॉट सीखता है
सोम	केला	हाँ	केले अच्छे हैं
मंगल	चिप्स	नहीं	चिप्स पसंद नहीं
बुध	सेब	हाँ	सेब अच्छे हैं
गुरु	चॉकलेट	नहीं	चॉकलेट पसंद नहीं
शुक्र	केला	हाँ	केला फिर से? सुरक्षित विकल्प!

चरण 4: निर्णय लेना

एक बार AI पर्याप्त डेटा से सीख जाता है, तो अब यह स्मार्ट विकल्प बना सकता है — बिल्कुल जैसे हम करते हैं।

लेकिन AI "महसूस" नहीं करता या "अनुमान" नहीं लगाता — यह तर्क और संभावना का उपयोग करता है।

उदाहरण के लिए:
• यदि कोई छात्र हमेशा गणित में अच्छे अंक लाता है, तो AI सुझा सकता है कि वे कोडिंग आज़माएं।
• यदि आपका मैप एप एक रास्ते पर लाल (ट्रैफिक) देखता है, तो यह आपको तेज़ रास्ते पर ले जाएगा।
• यदि आप हमेशा हॉरर फिल्में छोड़ देते हैं, तो Netflix उन्हें सुझाना बंद कर सकता है।

AI निर्णय लेता है यह पूछकर: "मैंने पहले ऐसा क्या देखा है जो इसके जैसा है?" "सबसे संभावित विकल्प क्या है?"
यह इंसानों की तरह नहीं सोचता, लेकिन प्रशिक्षण के कारण यह स्मार्ट काम करता है।

AI समय के साथ कैसे सुधरता है: फीडबैक लूप्स

मान लेते हैं कि आपकी स्मार्टवॉच आपको हर घंटे पानी पीने को कहती है, लेकिन आप केवल लंच टाइम पर जवाब देते हैं। AI सीखता है:

"यह व्यक्ति केवल लंच पर रिमाइंडर पसंद करता है।"

तो अगली बार, यह आपको केवल एक बार रिमाइंड करता है — ठीक जब आप सुनने की सबसे ज़्यादा संभावना रखते हैं।

इसे फीडबैक लूप कहते हैं। AI आपकी प्रतिक्रिया के आधार पर अपना व्यवहार समायोजित करता है।

आपकी बारी: कोई ऐसी चीज़ क्या है जो आप रोज़ाना करते हैं जिससे मशीन सीख सकती है?

AI के दिमाग़ के अंदर: क्या हो रहा है?

वैज्ञानिक न्यूरल नेटवर्क नाम की चीज़ का उपयोग करते हैं — यह इंसानी दिमाग़ की तरह काम करने के लिए डिज़ाइन किया गया है।

इसे सैंडविच की तरह समझें:

- **इनपुट लेयर:** AI क्या देखता है (तस्वीर, टेक्स्ट, या आवाज़)
- **हिडन लेयर्स:** जहाँ यह प्रोसेसिंग करता है और पैटर्न ढूंढता है
- **आउटपुट लेयर:** यह क्या फैसला करता है (जैसे "यह कुत्ता है")

इसमें जितनी ज़्यादा "लेयर्स" होती हैं, उतनी ज़्यादा जटिल चीज़ें यह सीख सकता है। यह डीप लर्निंग का हिस्सा है, जिसे हम अध्याय 4 में और विस्तार से समझेंगे।

वास्तविक जीवन में AI एक्शन में

आइए कुछ रोज़मर्रा के उदाहरण देखते हैं और जानते हैं कि पर्दे के पीछे AI कैसे काम करता है:

टूल या ऐप	यह क्या करता है	AI का काम
Google Search	जल्दी जवाब ढूंढता है	आपके सवाल को समझता है
Google Maps	सबसे छोटे रास्ते दिखाता है	रियल-टाइम ट्रैफिक डेटा पढ़ता है
YouTube	वीडियो की सिफारिश करता है	आप क्या देखते/छोड़ते हैं उससे सीखता है
Grammarly	लेखन में व्याकरण सुधारता है	वाक्य की संरचना समझता है
Instagram Filters	कान, चश्मा, या मेकअप जोड़ता है	चेहरे और भावनाओं को पहचानता है
E-commerce Apps	कपड़े या गैजेट सुझाता है	ब्राउज़िंग और खरीदारी की आदतों को ट्रैक करता है

क्या AI ग़लतियां कर सकता है?

हाँ — बिल्कुल लोगों की तरह, AI भी ग़लत हो सकता है।

AI निर्भर करता है:

• अच्छे डेटा पर (अगर डेटा पक्षपाती या ग़लत है, तो परिणाम भी होंगे)

• स्पष्ट निर्देशों पर

• सीखने के समय पर (AI तुरंत परफेक्ट नहीं होता)
उदाहरण:
• अगर AI ने भारतीय पारंपरिक पहनावे की ज़्यादा तस्वीरें नहीं देखी हैं, तो यह कुर्ते को ड्रेस कह सकता है।
• या अगर यह ऑनलाइन गुस्से वाले कमेंट्स से सीखता है, तो यह रूखा होना सीख सकता है!

इसीलिए AI को गाइड करने और सुधारने के लिए इंसानों की हमेशा ज़रूरत होती है।

सारांश: AI कैसे काम करता है?

चरण	क्या होता है
1. डेटा	AI बहुत सारी जानकारी एकत्रित करता है
2. पैटर्न	AI समानताएं या ट्रेंड पहचानता है
3. प्रशिक्षण	AI उदाहरणों या परीक्षण और त्रुटि का उपयोग करके सीखता है
4. निर्णय लेना	AI भविष्यवाणी या विकल्प बनाता है
5. फीडबैक	AI सफलता/असफलता से सीखकर सुधरता है

ख़ुद कोशिश करें!

1. स्नैक प्रेडिक्शन गेम: एक हफ्ते तक अपने नाश्ते का चार्ट रखें। किसी दोस्त से पूछें कि आप आगे क्या खाएंगे। यह पैटर्न पहचानना है — बिल्कुल AI की तरह!

2. 5-चरणीय एल्गोरिदम लिखें: दांत साफ करने, अपने पालतू जानवर को खाना देने, या जूते के फीते बांधने के लिए। यही तरीका है जिससे आप मशीन को सिखाते हैं कि क्या करना है।

3. **AI की तरह सोचें:** अपने क्लास के नोट्स देखें। क्या आप पैटर्न के आधार पर अनुमान लगा सकते हैं कि आप आगे कौन से विषय पढ़ेंगे?

दिन का विचार

"AI देखकर, सुनकर, और कोशिश करके सीखता है — बिल्कुल आपकी तरह। जितना ज़्यादा आप अभ्यास करते हैं, उतने ज़्यादा स्मार्ट बनते हैं। AI भी ऐसा ही करता है।"

अध्याय 4

हमारे दैनिक जीवन में AI

आर्टिफिशियल इंटेलिजेंस केवल प्रयोगशालाओं, टेक कंपनियों, या साइंस फिक्शन फिल्मों के लिए नहीं है। यह पहले से ही हमारे चारों ओर है — घर में, स्कूलों में, हमारे फोन में, और यहां तक कि जब हम ख़रीदारी कर रहे होते हैं या गेम खेल रहे होते हैं। आपको AI खोजने के लिए बहुत दूर देखने की ज़रूरत नहीं है। वास्तव में, यह आपकी मदद कर रहा होगा अभी जब आप इस पुस्तक को डिजिटल स्क्रीन पर पढ़ रहे हैं!
इस अध्याय में, हम अपनी आंखें चौड़ी करेंगे और उन कई जगहों को खोजेंगे जहां AI चुपचाप जीवन को आसान, तेज़, और स्मार्ट बनाने के लिए काम कर रहा है।

घर पर AI: आपका अदृश्य सहायक

आइए वहां से शुरू करते हैं जहां हम अपना सबसे ज़्यादा समय बिताते हैं — घर पर।

क्या आप निम्नलिखित में से कोई उपयोग करते हैं?

• Alexa, Siri, या Google Assistant?

• एक स्मार्ट टीवी जो आपके पसंदीदा शो अपने आप दिखाती है?

• एक संगीत एप जो आपके मूड के आधार पर गाने बजाता है?

• एक कैमरा जो आपका चेहरा देखकर फोकस करता है?

अगर हां, तो आपने पहले से ही AI का उपयोग किया है!

स्मार्ट टीवी

• AI आपके द्वारा पहले देखे गए कार्यक्रमों के आधार पर शो या फिल्में सुझाता है।

• यह यह भी सीखता है कि आप आमतौर पर कार्टून या खेल कितने बजे देखते हैं।

उदाहरण: अगर आपको सुपरहीरो फिल्में पसंद हैं, तो आपका टीवी नवीनतम फिल्मों के ट्रेलर दिखाना शुरू कर देगा।

वॉयस असिस्टेंट

• Alexa, Siri, और Google Assistant AI-संचालित उपकरण हैं।

• ये अलार्म सेट कर सकते हैं, सवालों के जवाब दे सकते हैं, चुटकुले सुना सकते हैं, या आपका पसंदीदा गाना बजा सकते हैं — सभी आपकी आवाज़ का उपयोग करके।

स्मार्ट उपकरण

• AI-संचालित लाइटें तब बंद हो जाती हैं जब कमरे में कोई नहीं होता।

• फ्रिज़ आपको दूध या अंडे की भरपाई करने की याद दिलाते हैं।

• वॉशिंग मशीनें लोड के आधार पर पानी के स्तर का सुझाव देती हैं।

AI एक शांत घरेलू सहायक की तरह है जो कभी सोता नहीं और हमेशा (सावधानी से और सुरक्षित रूप से) सुनता है।

स्कूल में AI: आपका सीखने का साथी

AI आपको नए और रोमांचक तरीकों से सीखने में भी मदद कर रहा है। चाहे आप शहर की बड़ी कक्षा में हों या गांव की छोटी कक्षा में, AI सीखने को अधिक व्यक्तिगत और मज़ेदार बनाने में मदद कर सकता है।

लर्निंग ऐप्स

• AI ट्रैक करता है कि आप कैसे सीखते हैं और पाठों को आपकी गति और स्टाइल के अनुसार समायोजित करता है।

• BYJU'S, Khan Academy, और Duolingo जैसे एप्स AI का उपयोग करके विषयों का सुझाव देते हैं, संकेत देते हैं, और आपका उत्साह बढ़ाते हैं!

एडेप्टिव क्विज़

• AI-आधारित परीक्षाएं आपके प्रदर्शन के आधार पर कठिनाई बदलती हैं।

• अगर आप कोई सवाल गलत करते हैं, तो यह आपको अगला आसान सवाल देता है — या स्पष्टीकरण!

शिक्षकों के लिए भी

• AI शिक्षकों को समझने में मदद करता है कि किन छात्रों को मदद की ज़रूरत है।

• यह बहुविकल्पीय परीक्षाओं को तुरंत जांच सकता है और क्लास की प्रगति रिपोर्ट दिखा सकता है।

इसकी कल्पना करें: अगर आप गणित में मज़बूत हैं लेकिन व्याकरण में कमज़ोर हैं, तो AI आपको वहां अधिक अभ्यास देगा जहां आपको सबसे ज़्यादा ज़रूरत है — आपकी जेब में एक निजी ट्यूटर की तरह!

आपके फोन में AI: एक पॉकेट-साइज़ जीनियस

आपका स्मार्टफोन शायद सबसे स्मार्ट AI डिवाइस है जिसका आप रोज़ाना उपयोग करते हैं। आइए देखें कि यह आपकी कैसे मदद करता है — तब भी जब आपको एहसास नहीं होता:

प्रेडिक्टिव टेक्स्ट और ऑटोकरेक्ट

• जब आप "Good m..." टाइप करना शुरू करते हैं, तो आपका फोन "Good morning!" सुझाता है — यह AI टेक्स्ट की भविष्यवाणी कर रहा है।

• अगर आप "realy" ग़लत स्पेल करते हैं, तो यह इसे "really" में बदल देता है — व्याकरण और स्पेलिंग AI टूल्स के लिए धन्यवाद।

कैमरा AI

• फेस डिटेक्शन आपके चेहरे पर फोटो को फोकस करने में मदद करता है।

• कुत्ते के कान या कार्टून स्टाइल जैसे फिल्टर AI का उपयोग करके आपके भावों को ट्रैक करते हैं!

फेस अनलॉक

• AI आपके चेहरे को स्कैन करता है और फोन को केवल तभी अनलॉक करता है जब यह आपकी सुविधाओं से मेल खाता है।

Google Maps

• रियल-टाइम ट्रैफिक चेक करके सबसे तेज़ रास्ता सुझाता है।

• आपके सबसे आम रूटों को सीखता है और उन्हें जल्दी सुझाता है।

फोटोज़ एप

• AI चेहरों, स्थानों, या यहां तक कि "बीच ट्रिप" या "जन्मदिन" जैसे थीम के आधार पर तस्वीरों को ग्रुप कर सकता है।

अगली बार जब आप अपना फोन खोलें, तो रुकें और पूछें: "AI कहां मेरी मदद कर रहा है?"

खाना और ख़रीदारी में AI

AI आपकी ख़रीदारी, खाने, और आपके पसंदीदा स्नैक्स का आनंद लेने में भी बड़ी भूमिका निभाता है।

ऑनलाइन शॉपिंग

- Amazon और Flipkart जैसे एप्स आपकी पिछली पसंद के आधार पर "आपको यह भी पसंद आ सकता है" दिखाते हैं।
- AI आपका साइज़, ब्रांड की प्राथमिकताएं, और यहां तक कि रंग की पसंद भी याद रखता है!

फूड डिलीवरी

- Zomato या Swiggy जैसे एप्स अनुमान लगाते हैं कि आप कौन सा खाना फिर से ऑर्डर कर सकते हैं — और इसे सुझाते हैं।
- वे जानते हैं कि आप आमतौर पर कब खाते हैं — इसलिए वे सही समय पर "डिनर टाइम डील्स" भेजते हैं!

मज़ेदार गेम: जांचें कि आपका एप कौन सा खाना सुझाता है और पूछें, "यह क्यों? AI ने मेरे बारे में क्या सीखा?"

गेम और मनोरंजन में AI

AI न केवल आपको सीखने में मदद करता है — यह आपको मज़े करने में भी मदद करता है! चाहे आप वीडियो गेम खेल रहे हों, संगीत सुन रहे हों, या वीडियो देख रहे हों — AI वहां है, पर्दे के पीछे काम कर रहा है।

गेम्स में:

- रेसिंग या एडवेंचर गेम्स में विरोधी AI द्वारा संचालित होते हैं।

• अगर आप हर बार एक ही जगह छुपते हैं, तो AI सीख जाएगा और अगली बार आपको चौंका देगा!

संगीत ऐप्स:

• AI आपके सुनने के इतिहास के आधार पर संगीत सुझाता है।

• "चिल वाइब्स" या "फोकस टाइम" जैसी मूड-आधारित प्लेलिस्ट AI की मदद से बनाई जाती हैं।

स्ट्रीमिंग सेवाएं:

• Netflix, Disney+, और YouTube AI का उपयोग करके शो और वीडियो सुझाते हैं।

• यह देखता है कि आप क्या देखते हैं, कब, और कितने समय तक — फिर आपकी "वॉच नेक्स्ट" सूची बनाता है।

बोनस टिप: अगर आप 5 सेकंड के अंदर कोई वीडियो स्किप करते हैं, तो AI जान जाता है कि यह आपकी दिलचस्पी का नहीं था!

स्वास्थ्य और फिटनेस में AI

आपका शरीर और स्वास्थ्य बहुत महत्वपूर्ण है — और AI दोनों की देखभाल में मदद कर सकता है।

स्मार्टवॉच और फिटनेस बैंड:

• आपके क़दम, नींद, हृदय गति, और यहां तक कि तनाव के स्तर को ट्रैक करते हैं।

• अगर आप बहुत देर तक बैठे रहे हैं तो आपको हिलने या खिंचाव करने की याद दिलाते हैं।

अस्पताल और क्लीनिक:

• AI एक्स-रे, आंखों की जांच, या खून की जांच पढ़ता है और समस्या का सुझाव देता है।

• डॉक्टरों को बीमारियों को जल्दी खोजने में मदद करता है, ख़ासकर दूर-दराज़ के इलाकों में।

स्वास्थ्य के लिए चैटबॉट:

• कुछ एप्स आपको सरल लक्षणों को समझने के लिए AI से बात करने देते हैं।

• अगर आप कहते हैं, "मेरे पेट में दर्द है," तो यह सुझाव दे सकता है: "पानी पिएं। अगर दर्द बना रहे, तो डॉक्टर से मिलें।"

वास्तविक उदाहरण: भारत में, AI तपेदिक और कैंसर जैसी बीमारियों को पहले से कहीं जल्दी पहचानने में मदद कर रहा है!

परिवहन और शहरों में AI

शहर स्मार्ट हो रहे हैं — और AI इसका एक बड़ा कारण है।

सड़कें और ट्रैफिक

• AI स्मार्ट ट्रैफिक लाइटों को नियंत्रित करता है जो कितने वाहन इंतज़ार कर रहे हैं, इसके आधार पर सिग्नल बदलती हैं।

• जाम और प्रदूषण कम करने में मदद करता है।

राइड-शेयरिंग एप्स

• Ola और Uber AI का उपयोग करके ड्राइवरों और राइडरों को कुशलता से मैच करते हैं।

• पिक-अप स्पॉट और छोटे रास्ते सुझाते हैं।

स्मार्ट शहर

• AI बिजली, पानी, और सुरक्षा प्रणालियों का प्रबंधन करता है।

• स्ट्रीट कैमरे दुर्घटनाओं का पता लगाते हैं और सेकंडों में पुलिस को अलर्ट करते हैं।

कल्पना करें: AI सुनिश्चित कर सकता है कि आपकी स्ट्रीट लाइट बिल्कुल सूर्यास्त पर जले — बिना किसी के स्विच दबाए!

बैंकों और पैसे में AI

हो सकता है आप अभी तक बैंकों का उपयोग न करें, लेकिन आपके माता-पिता करते हैं — और AI वहां भी मदद करता है।

- यह पता लगाता है कि कोई खाता चुरा रहा है या हैक कर रहा है।
- छोटे लोन के लिए तुरंत अप्रूवल देने में मदद करता है।
- चैटबॉट्स "अपना PIN कैसे रीसेट करें?" जैसे सामान्य सवालों के जवाब देते हैं।

बैंकिंग में AI चीज़ों को तेज़, सुरक्षित, और स्मार्ट बनाता है।

दुनिया भर में AI — और आपके पड़ोस में

यहां कुछ आश्चर्यजनक जगहें हैं जहां AI का उपयोग होता है:

जगह	AI कैसे मदद करता है
खेत	फसलों को कब पानी देना है, इसका सुझाव देता है
पुस्तकालय	आपके पढ़ने के इतिहास के आधार पर पुस्तकों की सिफारिश करता है
संग्रहालय	AI-गाइडेड कथन के साथ वर्चुअल टूर प्रदान करता है
खेल	खिलाड़ियों की गतिविधियों को ट्रैक करता है और प्रशिक्षण का सुझाव देता है
भाषा सीखना	साइन या मेन्यू का तुरंत अनुवाद करता है

त्वरित रिकैप

जगह	AI कैसे मदद करता है
घर	वॉयस असिस्टेंट, स्मार्ट टीवी, रिमाइंडर
स्कूल	व्यक्तिगत शिक्षा, क्विज़, शिक्षक उपकरण
फोन	फेस अनलॉक, प्रेडिक्टिव टेक्स्ट, स्मार्ट कैमरा
खरीदारी	उत्पाद सुझाव, ऑर्डर ट्रैकिंग
गेम्स	स्मार्ट दुश्मन, गेम लेवल, संगीत चुनना
अस्पताल	बीमारी की पहचान, स्वास्थ्य सलाह
सड़कें और शहर	स्मार्ट ट्रैफिक, राइड मैचिंग, सुरक्षा अलर्ट
बैंक	धोखाधड़ी की पहचान, पैसे का स्थानांतरण, चैटबॉट्स

ख़ुद ट्राई करें!

1. **अपना "मेरा AI दिन" लॉग बनाएं** 24 घंटे में आप कितनी बार AI के साथ बातचीत करते हैं, इसे लिखें — फोन, टीवी, गेम्स, स्कूल का काम, आदि।

2. **अपना AI घर बनाएं** एक घर की कल्पना करें जहां हर कमरे में एक स्मार्ट AI टूल हो। इसे ड्रा करें या बताएं कि यह क्या करता है!

3. **अपने परिवार का इंटरव्यू लें** अपने माता-पिता, दादा-दादी, या भाई-बहनों से पूछें कि AI हर दिन उनकी कैसे मदद करता है — ख़रीदारी, बैंकिंग, यात्रा।

आज का विचार

"AI आपके जीवन में आने वाला नहीं है — यह पहले से ही यहां है। और जितना अधिक आप इसे समझेंगे, उतना बेहतर आप इसका उपयोग करके अपना भविष्य बना सकेंगे।"

अध्याय 5

भारत की प्रगति के लिए AI

भारत जीवन, भाषाओं और सपनों से भरा एक देश है। एक अरब से अधिक लोगों, हज़ारों शहरों और गांवों, और कई अलग-अलग प्रकार के काम के साथ — भारत न केवल बढ़ रहा है, बल्कि रूपांतरित हो रहा है। और इस परिवर्तन के पीछे एक बड़ा कारण है आर्टिफिशियल इंटेलिजेंस (AI)।

AI हमें आगे बढ़ने में मदद कर रहा है — न केवल बड़े शहरों में, बल्कि छोटे गांवों में भी। चाहे वह पंजाब का किसान हो, बेंगलुरु का डॉक्टर हो, असम का छात्र हो, या भोपाल का दुकानदार हो — AI चुपचाप पर्दे के पीछे काम कर रहा है ताकि भारत को मज़बूत, स्मार्ट और अधिक जुड़ा हुआ बनाया जा सके।

आइए देखें कि AI कैसे भारत के भविष्य को आकार दे रहा है — एक-एक नवाचार के साथ।

1. कृषि में AI: भारत के किसानों की मदद

50% से अधिक भारतीय कृषि में काम करते हैं। लेकिन खेती मुश्किल है — किसानों को चुनौतियों का सामना करना पड़ता है **जैसे:**

- अप्रत्याशित बारिश
- फसल की बीमारियां
- महंगे उर्वरक
- वास्तविक समय की सलाह का अभाव

यहीं पर AI क़दम रखता है — किसान को बदलने के लिए नहीं, बल्कि मदद करने के लिए।

AI कैसे मदद करता है:

- **मिट्टी विश्लेषण एप्स:** AI मिट्टी की रिपोर्ट पढ़ता है और उगाने के लिए सबसे अच्छी फसलों का सुझाव देता है।
- **मौसम की भविष्यवाणी:** AI पैटर्न का अध्ययन करता है और बारिश, तापमान और तूफान की भविष्यवाणी करता है।
- **कीट पहचान:** AI उपकरण फसलों की तस्वीरों को स्कैन करते हैं और बताते हैं कि वे संक्रमित हैं या नहीं।
- **बाज़ार मूल्य भविष्यवाणी:** AI सुझाता है कि बेहतर कीमत के लिए फसलों को कब और कहां बेचना है।

वास्तविक उदाहरण: महाराष्ट्र में, BharatAgri नामक एक एप AI का उपयोग करके किसानों को उनकी स्थानीय भाषा में दैनिक सलाह भेजता है।

कहानी का आइडिया: "कृषिबॉट" नामक एक रोबोट की कल्पना करें जो खेत में घूमता है और किसान को चेतावनी देता है यदि कोई पौधा बीमार है!

2. स्वास्थ्य सेवा में AI: स्मार्ट टेक से जीवन बचाना

भारत में विश्वस्तरीय अस्पताल हैं लेकिन कई ग्रामीण क्षेत्रों में कम डॉक्टर हैं। इसीलिए AI स्वास्थ्य सेवा में बड़ा अंतर ला रहा है — उन लोगों तक पहुंचकर जिन्हें सबसे ज़्यादा मदद की ज़रूरत है।

AI कैसे मदद करता है:

- **बीमारी की पहचान:** AI एक्स-रे, रक्त परीक्षण, और आंखों की जांच पढ़ता है ताकि कैंसर या तपेदिक जैसी बीमारियों को जल्दी पहचाना जा सके।
- **मेडिकल चैटबॉट्स:** लोग डॉक्टर के पास जाने से पहले लक्षणों की जांच के लिए AI से बात कर सकते हैं।
- **सर्जरी में AI:** कुछ रोबोट्स सर्जनों की मदद करते हैं उपकरण पकड़कर और मरीज़ की निगरानी करके।
- **दूरस्थ इलाज:** AI डॉक्टरों को दूर रहने वाले मरीज़ों को सलाह देने में मदद करता है।

वास्तविक उदाहरण: बेंगलुरु में, AI का उपयोग करके स्तन कैंसर का प्रारंभिक चरण में पता लगाया जा रहा है, लक्षण दिखने से पहले ही — हज़ारों जीवन बचाते हुए।

मज़ेदार गतिविधि: "डॉ. AI" होने का नाटक करें और सोचें कि आप अपने स्मार्ट उपकरणों का उपयोग करके मरीज़ में पांच चीज़ों की जांच करेंगे।

3. शिक्षा में AI: हर बच्चे तक पहुंचना

भारत में 250 मिलियन से अधिक स्कूल जाने वाले बच्चे हैं। कुछ के पास सबसे अच्छे स्कूल और शिक्षक हैं। दूसरे सीमित संसाधनों वाले छोटे स्कूलों में पढ़ रहे हैं। हम हर बच्चे को गुणवत्तापूर्ण शिक्षा कैसे दे सकते हैं?

जवाब है: AI के साथ।

AI कैसे मदद करता है:

• **लर्निंग एप्स:** AI-संचालित प्लेटफॉर्म बच्चे की गति और शैली के अनुसार पाठों को समायोजित करते हैं।

• **पाठों का अनुवाद:** AI सामग्री को कई भारतीय भाषाओं में अनुवाद करता है — ताकि बच्चे अपनी मातृभाषा में सीख सकें।

• **प्रगति ट्रैकिंग:** AI शिक्षकों को यह जानने में मदद करता है कि कौन सा छात्र पिछड़ रहा है।

• **AI ट्यूटर:** ये चैटबॉट्स या वीडियो की तरह होते हैं जो पूर्णकालिक शिक्षक की ज़रूरत के बिना छात्रों को सिखाते और मार्गदर्शन देते हैं।

वास्तविक उदाहरण: आंध्र प्रदेश में, AI का उपयोग यह पहचानने के लिए किया जा रहा है कि कौन से छात्र स्कूल छोड़ सकते हैं — ताकि स्कूल जल्दी उनकी मदद कर सकें और उन्हें सीखने में बनाए रख सकें।

चुनौती: अपना ख़ुद का "AI शिक्षक" डिज़ाइन करें — यह कौन सा विषय पढ़ाएगा? इसकी क्या विशेष विशेषताएं होंगी?

4. परिवहन और ट्रैफिक में AI: व्यस्त शहरों के लिए स्मार्ट सड़कें

भारत की सड़कें हमेशा गुलज़ार रहती हैं — कारें, बसें, ऑटो, बाइक, और भी बहुत कुछ। लेकिन ट्रैफिक जाम, दुर्घटनाओं और प्रदूषण के साथ, हमें चलने के लिए स्मार्ट तरीकों की ज़रूरत है।

AI कैसे मदद करता है:

• **स्मार्ट ट्रैफिक लाइट्स:** AI रियल-टाइम ट्रैफिक के आधार पर सिग्नल्स को समायोजित करता है ताकि प्रतीक्षा का समय कम हो।

• **सार्वजनिक परिवहन एप्स:** AI बसों और ट्रेनों को ट्रैक करने में मदद करता है ताकि देरी से बचा जा सके।

• **राइड-शेयरिंग एप्स:** AI आपको पास के ड्राइवरों से मैच करता है और

सबसे तेज़ रास्ते दिखाता है।

• **दुर्घटना की पहचान:** कैमरों में AI दुर्घटनाओं का पता लगाता है और आपातकालीन टीमों को जल्दी अलर्ट करता है।

वास्तविक उदाहरण: नई दिल्ली में, ट्रैफिक सिग्नल्स अब AI का उपयोग करके जाम का समय 30% तक कम करते हैं!

रचनात्मक आइडिया: एक "AI बाइक हेलमेट" डिज़ाइन करें जो राइडरों को चेतावनी दे यदि वे बहुत तेज़ जा रहे हैं या सीटबेल्ट नहीं पहने हैं।

5. स्मार्ट शहरों में AI: सबके लिए जीवन बेहतर बनाना

एक स्मार्ट शहर तकनीक का उपयोग करके सब कुछ बेहतर बनाता है — पानी, बिजली, सुरक्षा, परिवहन, और कचरा।
भारत पूरे देश में स्मार्ट शहर बना रहा है — और AI इनके दिल में है।

AI कैसे मदद करता है:

• स्ट्रीट लाइट्स सूर्यास्त और फुट ट्रैफिक के आधार पर चालू/बंद होती हैं।
• कचरा के डिब्बे अलर्ट भेजते हैं जब वे भर जाते हैं।
• पानी की प्रणालियां लीक का पता लगाने और पानी बचाने के लिए AI का उपयोग करती हैं।
• CCTV कैमरे सुरक्षा बढ़ाने के लिए चेहरे की पहचान का उपयोग करते हैं।

वास्तविक उदाहरण: पुणे में, AI का उपयोग पानी के प्रवाह को प्रबंधित करने, लीक का पता लगाने और बर्बादी कम करने के लिए किया जा रहा है।

डिज़ाइन कार्य: एक स्मार्ट कक्षा या स्मार्ट पार्क के लिए योजना बनाएं — कम से कम तीन AI सुविधाओं का उपयोग करके।

6. छोटे व्यवसायों और दुकानों के लिए AI

AI केवल बड़ी कंपनियों की मदद नहीं करता। यह छोटे दुकानदारों की भी मदद करता है!

भारत में लाखों किराना स्टोर और स्थानीय विक्रेता हैं। AI उनकी मदद करता है:

- इन्वेंटरी ट्रैक करने में (क्या स्टॉक में है)
- ग्राहकों की प्राथमिकताओं को समझने में
- सही समय पर छूट देने में
- डिजिटल पेमेंट से जुड़ने में

वास्तविक उदाहरण: JioMart AI का उपयोग करके दुकानदारों को यह पता लगाने में मदद करता है कि उनके क्षेत्र में क्या सबसे अच्छा बिक रहा है और सप्लाई का प्रबंधन करता है।

व्यावसायिक आइडिया: अपनी काल्पनिक AI-संचालित मिठाई की दुकान शुरू करें। यह दूसरों से बेहतर क्या करेगी?

7. अंतरिक्ष, विज्ञान और मौसम में AI

भारत एक गर्वित अंतरिक्ष राष्ट्र है। हमारी अंतरिक्ष एजेंसी, ISRO, ने उपग्रह लॉन्च किए हैं, चांद की खोज की है, और मंगल तक पहुंचा है! अब, AI के साथ, हमारे सपने और भी बड़े हो रहे हैं।

AI कैसे मदद करता है:

- उपग्रहों और अंतरिक्ष यान का मार्गदर्शन
- चांद या मंगल पर सतह के डेटा का विश्लेषण
- भूकंप और बाढ़ की भविष्यवाणी
- जंगल की आग और चक्रवातों को ट्रैक करना

वास्तविक उदाहरण: चंद्रयान-3 ने AI का उपयोग करके लैंडर विक्रम को चांद के दक्षिणी ध्रुव पर सुरक्षित रूप से उतारने में मदद की — दुनिया में पहली बार!

मज़ेदार चुनौती: कल्पना करें कि आप मंगल पर एक AI बॉट हैं। आप पहले क्या खोजेंगे?

8. भारतीय भाषाओं और समावेशन में AI

भारत में 22 आधिकारिक भाषाएं और सैकड़ों क्षेत्रीय भाषाएं हैं। AI यह सुनिश्चित कर रहा है कि हर कोई — चाहे वे हिंदी, तमिल, बंगाली, या मराठी बोलते हों — उनकी जानकारी तक पहुंच हो।

AI कैसे मदद करता है:
- वॉयस असिस्टेंट जो भारतीय उच्चारण समझते हैं
- किसी भी भाषा में पढ़ने और लिखने के लिए अनुवाद उपकरण
- AI एप्स जो दृष्टिबाधित लोगों के लिए अख़बार ज़ोर से पढ़ते हैं
- AI कीबोर्ड जो हिंदी, गुजराती, तेलुगु, आदि में ऑटो-करेक्ट करते हैं

वास्तविक उदाहरण: भाषिणी, भारत की राष्ट्रीय AI परियोजना, का लक्ष्य हर प्रमुख भारतीय भाषा के लिए AI उपकरण बनाना है।

गतिविधि: पांच भारतीय भाषाओं में "नमस्ते" कहने की कोशिश करें। अब एक AI की कल्पना करें जो उन सभी को समझ सके — यह कितना कूल होगा?

भारत का राष्ट्रीय AI मिशन

भारत सरकार का एक साहसिक दृष्टिकोण है: "सभी के लिए AI।"

यह केवल AI का उपयोग करने के बारे में नहीं है — यह AI का नैतिक,

निष्पक्ष और हर नागरिक की भलाई के लिए उपयोग करने के बारे में है।

लक्ष्य है:

- हर स्कूल और गांव में AI उपकरण उपलब्ध कराना
- अधिक AI-संबंधित नौकरियां बनाना
- स्वास्थ्य सेवा, न्याय, कृषि और शिक्षा में AI का उपयोग करना
- आप जैसे बच्चों को भविष्य के AI निर्माता बनने के लिए प्रशिक्षित करना

इसे कृत्रिम बुद्धिमत्ता के लिए राष्ट्रीय रणनीति कहा जाता है, जो NITI आयोग द्वारा शुरू की गई है।

याद रखने वाला उद्धरण: "AI को केवल स्मार्ट ही नहीं होना चाहिए — इसे समावेशी भी होना चाहिए।"

त्वरित रिकैप

क्षेत्र	**AI भारत की कैसे मदद करता है**
कृषि	मिट्टी, मौसम, फसल स्वास्थ्य, बाजार मूल्य
स्वास्थ्य सेवा	बीमारियों का निदान, दूरस्थ इलाज
शिक्षा	व्यक्तिगत पाठ, भाषा उपकरण
परिवहन	स्मार्ट सिग्नल्स, राइड-मैचिंग, दुर्घटना अलर्ट
स्मार्ट शहर	कचरा, पानी, बिजली, सुरक्षा
छोटे व्यवसाय	इन्वेंटरी, ग्राहक पसंद, मूल्य निर्धारण
अंतरिक्ष और विज्ञान	उपग्रह, जलवायु ट्रैकिंग, चांद पर उतरना
भाषाएं	अनुवादक, आवाज़ उपकरण, डिजिटल समावेशन

ख़ुद ट्राई करें!

1. **भारत के लिए अपना AI डिज़ाइन करें** एक ऐसे उपकरण की कल्पना करें जो आपके गांव या शहर के किसानों, डॉक्टरों या शिक्षकों की मदद करे। यह क्या करेगा?

2. **AI-सक्षम कक्षा का चित्र बनाएं** आप कौन से गैजेट शामिल करेंगे? एक ऑटो-ग्रेडिंग नोटबुक? एक भाषा अनुवादक पेन?

3. **क्विज़: सेक्टर को AI उपयोग मामले के साथ मिलाएं**

A. अस्पताल B. रेलवे स्टेशन C. खेत D. कक्षा

1. AI आपकी फसल स्वास्थ्य की जांच करता है
2. AI आपका रक्त परीक्षण पढ़ता है
3. AI अंग्रेजी का मराठी में अनुवाद करने में मदद करता है
4. AI सुरक्षा के लिए बैग स्कैन करता है

(उत्तर: C–1, A–2, D–3, B–4)

आज का विचार

"AI केवल बड़ी टेक कंपनियों के लिए नहीं है — यह हर किसान, शिक्षक, छात्र और नागरिक के लिए है। भारत का भविष्य स्मार्ट विचारों से बनाया जा रहा है — और आपके विचार मायने रखते हैं।"

अध्याय 6

एआई और कल की नौकरियां

क्या आपने कभी डॉक्टर, इंजीनियर, शिक्षक, पायलट या कलाकार बनने का सपना देखा है? अंदाज़ा लगाइए? ये सभी नौकरियां — और कई और भी — आर्टिफिशियल इंटेलिजेंस (एआई) द्वारा बदली जा रही हैं। वास्तव में, भविष्य में कुछ नौकरियां आज भी मौजूद नहीं हो सकती हैं। और आज की कुछ नौकरियां अब से 10 साल बाद बिल्कुल अलग दिख सकती हैं। लेकिन यहां सबसे अच्छी बात यह है: आपको डरने की ज़रूरत नहीं है। आपको तैयार रहने की ज़रूरत है। **इस अध्याय में, हम जानेंगे:**

- एआई कैसे काम की दुनिया को बदल रहा है
- कौन से नए करियर उभर रहे हैं
- आप जैसे बच्चे अभी से कैसे तैयारी शुरू कर सकते हैं आइए कल के करियर में आपकी यात्रा शुरू करते हैं।

क्या एआई नौकरियां छीन लेगा?

यह एक ऐसा सवाल है जो बहुत से लोग पूछते हैं — बड़े और बच्चे दोनों। कुछ लोग चिंता करते हैं कि एआई काम पर इंसानों की जगह ले लेगा। यह आंशिक रूप से सच है। एआई काम करने के तरीके को बदल देगा। लेकिन यह सभी नौकरियों की जगह नहीं लेगा। वास्तव में, कई नई नौकरियां बनेंगी — ऐसी नौकरियां जिनमें मानवीय कौशल की ज़रूरत होगी जैसे रचनात्मकता, भावनाएं, निर्णय लेना और नेतृत्व।

वास्तव में क्या हो रहा है: एआई से पहले एआई के बाद रिपोर्ट मैन्युअल रूप से टाइप करना एआई सारांश में मदद करता है डॉक्टर हर स्कैन पढ़ते हैं एआई पहले असामान्य वालों को चिह्नित करता है शिक्षक सभी पेपर जांचते हैं एआई बहुविकल्पीय प्रश्न जांचता है, शिक्षक प्रतिक्रिया देते हैं दुकानदार इन्वेंटरी ट्रैक करते हैं एआई उन्हें याद दिलाता है कि क्या रीस्टॉक करना है

मुख्य विचार: एआई आपकी नौकरी नहीं लेगा। लेकिन एआई का उपयोग करने वाला कोई व्यक्ति ले सकता है। इसलिए इसके साथ सीखना और बढ़ना बेहतर है।

एआई कौन सी नौकरियां बदल रहा है?

आइए कुछ जानी-पहचानी नौकरियों को देखते हैं — और एआई कैसे लोगों को उन्हें बेहतर करने में मदद कर रहा है:

डॉक्टर

- एआई एक्स-रे और टेस्ट रिजल्ट जांचता है
- डॉक्टरों को दुर्लभ बीमारियों का तुरंत निदान करने में मदद करता है

शिक्षक
- एआई छात्रों को तुरंत प्रतिक्रिया देता है
- हर बच्चे के लिए सीखने के रास्ते बनाता है

किसान
- एआई फसल कब बोनी है, इसका निर्णय लेने में मदद करता है
- कीटों और मौसम के बदलावों का पता लगाता है

इंजीनियर
- मशीनों को डिज़ाइन करने या सिस्टम टेस्ट करने के लिए एआई का उपयोग करते हैं
- रोबोट या स्मार्ट फैक्ट्रियां बनाते हैं

रसोइया
- मेन्यू की योजना बनाने या रेसिपी सुझाने के लिए एआई का उपयोग करते हैं
- कुछ रेस्टोरेंट में रोबोट रसोइया भी हैं!

तो, एआई इन नौकरियों की जगह नहीं ले रहा। यह एक साथी बन रहा है — काम को तेज़, अधिक सटीक और अधिक रोमांचक बना रहा है।

एआई द्वारा बनाई गई नई नौकरियां

कुछ नौकरियां 15 साल पहले मौजूद नहीं थीं। उदाहरण के लिए, कोई नहीं थे:
- एप डेवलपर्स
- सोशल मीडिया मैनेजर
- यूट्यूबर
- ड्रोन पायलट

इसी तरह, भविष्य में ऐसी नौकरियां आएंगी जो अभी तक मौजूद नहीं हैं —

लेकिन एआई उन्हें संभव बना रहा है।

यहां कल की कुछ रोमांचक नौकरियां हैं :

भविष्य की नौकरी का शीर्षक वे क्या करते हैं एआई इंजीनियर स्मार्ट टूल्स, रोबोट और एल्गोरिदम बनाते हैं डेटा साइंटिस्ट बड़ी मात्रा में डेटा में पैटर्न खोजते हैं एआई डॉक्टर असिस्टेंट मरीजों के निदान और देखभाल में मदद के लिए एआई का उपयोग करते हैं चैटबॉट डिज़ाइनर मददगार और मित्रवत एआई असिस्टेंट बनाते हैं एआई आर्ट क्रिएटर पेंटिंग, संगीत या एनिमेशन बनाने के लिए एआई का उपयोग करते हैं स्मार्ट सिटी प्लानर एआई-आधारित ट्रैफिक, ऊर्जा और सुरक्षा के साथ शहरों को डिज़ाइन करते हैं एआई कृषि विश्लेषक बेहतर टूल्स के साथ किसानों को अधिक उगाने में मदद करते हैं रोबोट कोच रोबोट को काम सही तरीके से करने के लिए प्रशिक्षित करते हैं नैतिक एआई सलाहकार यह सुनिश्चित करते हैं कि एआई सभी के लिए न्यायसंगत और सुरक्षित है एआई के लिए भाषा प्रशिक्षक एआई को विभिन्न भारतीय भाषाएं बोलना सिखाते हैं

विचार: भविष्य की नौकरियों में प्रौद्योगिकी और मानवीय स्पर्श दोनों की ज़रूरत होगी। यहीं आप आते हैं!

हर कोई एआई में काम कर सकता है — लड़के, लड़कियां, कलाकार, सपने देखने वाले!

एआई की दुनिया का हिस्सा बनने के लिए आपको गणित के जीनियस या कंप्यूटर विशेषज्ञ होने की ज़रूरत नहीं है। **वास्तव में, एआई को ज़रूरत है:**

- लेखकों की इसे भाषा सिखाने के लिए
- डिज़ाइनरों की इसे मित्रवत दिखाने के लिए
- शिक्षकों की स्कूलों में इसके उपयोग का मार्गदर्शन करने के लिए
- किसानों की स्थानीय फसलों के बारे में बताने के लिए

- डॉक्टरों की स्वास्थ्य सेवा में इसे प्रशिक्षित करने के लिए
- बच्चों की नए विचारों की कल्पना करने के लिए जिनके बारे में एआई अभी तक नहीं सोच सकता

एआई केवल कोडिंग के बारे में नहीं है। यह सोचने, कल्पना करने और समस्याओं को हल करने के बारे में है।

वास्तविक उदाहरण: रिया, गुजरात की एक 12 वर्षीय लड़की ने गूगल की टीचेबल मशीन का उपयोग करके एक एआई को प्रशिक्षित किया जो साइन लैंग्वेज को पहचानता है — ताकि उसका बधिर दोस्त बेहतर तरीके से संवाद कर सके!

रचनात्मक दिमाग़ के लिए एआई करियर

क्या आपको चित्र बनाना, लिखना या अभिनय करना पसंद है? एआई आपका नया कलाकार मित्र बन सकता है!

- **एआई कलाकार:** कला बनाने के लिए एआई टूल्स के साथ रंग और आकार मिलाएं
- **एआई संगीतकार:** एआई म्यूज़िक एप्स का उपयोग करके धुन बनाएं
- **एआई गेम डेवलपर:** अधिक स्मार्ट और रोमांचक किरदार बनाने के लिए एआई का उपयोग करें
- **एआई कहानीकार:** ऐसी कहानियां लिखें जो पाठक की पसंद के आधार पर बदलती हैं

तो हां — भले ही आपको प्रोग्रामिंग से ज़्यादा कविताएं पसंद हों, एआई में आपके लिए जगह है।

आपको कौन से कौशल की ज़रूरत है?

यहां महत्वपूर्ण कौशलों की सूची है जो आपको भविष्य के लिए तैयार

होने में मदद करेगी:

सोचने के कौशल

- समस्याओं को छोटे चरणों में तोड़ें
- "क्यों?" और "क्या होगा अगर?" प्रश्न पूछें
- पैटर्न और विवरणों का निरीक्षण करें

रचनात्मकता

- चित्र बनाएं, लिखें, निर्माण करें — अपनी कल्पना को उड़ान दें
- पुरानी समस्याओं को हल करने के नए तरीके सोचें

टीम वर्क

- अधिकांश एआई प्रोजेक्ट्स में लोगों को मिलकर काम करना पड़ता है
- सुनना, साझा करना और दूसरों के साथ बनाना सीखें

संचार

- अपने विचारों को स्पष्ट रूप से समझाएं — भाषण, लेखन या चित्रों में
- दूसरों को सिखाएं कि आप क्या सीखते हैं

तकनीकी बुनियादी बातें

- स्क्रैच, ब्लॉकली या टिंकर के साथ सरल कोडिंग सीखें
- टीचेबल मशीन, Code.org या AI4K12 का उपयोग करके एआई गतिविधियों का प्रयास करें

बड़ा विचार: यह सब कुछ जानने के बारे में नहीं है — यह सीखने की इच्छा रखने के बारे में है।

आज से तैयारी शुरू करें

शुरुआती क़दम:

- सुडोकू या रूबिक्स क्यूब जैसे तर्क पहेली और गेम्स आज़माएं
- स्क्रैच सीखें और अपना पहला एनिमेशन बनाएं

• खेती या चिकित्सा में एआई का उपयोग कैसे किया जाता है, इसके वीडियो देखें

एक्सप्लोरर स्तर:

• अपना एआई मॉडल प्रशिक्षित करने के लिए टीचेबल मशीन का उपयोग करें

• कोडिंग क्लब या ऑनलाइन क्लास में शामिल हों

• आविष्कारों के साथ एक "एआई आइडिया" नोटबुक बनाएं

निर्माता स्तर:

• एआई आइडिया के साथ साइंस फेयर में भाग लें

• ड्रैग-एंड-ड्रॉप टूल्स का उपयोग करके चैटबॉट बनाएं

• अपने एआई प्रोजेक्ट को अपने स्कूल के साथ साझा करें

याद रखें: हर विशेषज्ञ कभी शुरुआती था।

वास्तविक एआई करने वाले वास्तविक बच्चे

तन्मय बक्शी (कनाडा/भारत)

• 5 साल की उम्र में कोडिंग शुरू की

• आईबीएम के साथ काम करने वाले सबसे युवा एआई डेवलपर्स में से एक बने

अनिका चेब्रोलू (यूएसए/भारत)

• कोविड-19 का इलाज खोजने में मदद के लिए एआई का उपयोग करने के लिए विज्ञान पुरस्कार जीता

मेघना श्रीवास्तव (भारत)

• मानसिक स्वास्थ्य प्रश्नों के साथ छात्रों का समर्थन करने के लिए एआई-संचालित चैटबॉट बनाया

प्रेरणा: वे एआई ज्ञान के साथ पैदा नहीं हुए थे। वे जिज्ञासु थे — बिल्कुल आपकी तरह!

भविष्य की नौकरियां कैसी दिखेंगी?

आइए एक नज़र डालते हैं कि आपके बड़े होने तक आम नौकरियां कैसे बदल सकती हैं :

आज की नौकरी कल यह कैसे बदल सकती है ड्राइवर एआई सह-पायलट और ड्राइवर सुरक्षा सहायक का उपयोग करते हैं शिक्षक सीखने की प्रगति को ट्रैक करने के लिए एआई का उपयोग करते हैं डॉक्टर तेज़ी से उपचार सुझाने के लिए एआई का उपयोग करते हैं आर्किटेक्ट एआई-संचालित सिस्टम के साथ स्मार्ट घर डिज़ाइन करते हैं पर्यावरणविद् जलवायु और प्रदूषण का अध्ययन करने के लिए एआई का उपयोग करते हैं

नौकरियों में अभी भी इंसानों की ज़रूरत होगी — लेकिन एआई के साथ सहकर्मी के रूप में, प्रतिस्पर्धी के रूप में नहीं।

ख़ुद करके देखें!

1. एआई के साथ अपनी सपनों की नौकरी बनाएं

• 2040 में ख़ुद की कल्पना करें। आप क्या काम करते हैं? एआई आपकी कैसे मदद करता है?

2. किसी बड़े का इंटरव्यू लें

• पूछें कि उनकी नौकरी तकनीक के साथ कैसे बदली है। वे क्या चाहते हैं कि उन्होंने पहले सीखा होता?

3. करियर कार्ड बनाएं

• एआई डॉक्टर, स्मार्ट किसान या रोबोट डिज़ाइनर जैसी नौकरी चुनें। लिखें कि कौन से कौशल की ज़रूरत है और वे कौन से टूल्स इस्तेमाल करते हैं।

आज का विचार

"भविष्य उनका है जो सीखते हैं, बनाते हैं और अनुकूलित होते हैं। आपको एआई से डरने की ज़रूरत नहीं है — आपको इसके साथ नेतृत्व करने की ज़रूरत है।"

अध्याय 7

एआई के अच्छे और बुरे पहलू

(नैतिकता और सुरक्षा)

अब तक, आप जान चुके होंगे कि आर्टिफिशियल इंटेलिजेंस (एआई) कितनी शक्तिशाली हो सकती है। यह डॉक्टरों को जान बचाने, शिक्षकों को सीखने को मजेदार बनाने, किसानों को बेहतर फसल उगाने और ड्राइवरों को तेज़ रास्ते खोजने में मदद करती है।

लेकिन यहाँ कुछ बहुत महत्वपूर्ण है:

एआई हमेशा सही नहीं होती। और यह हमेशा निष्पक्ष भी नहीं होती।

ठीक आग या बिजली की तरह, एआई एक शक्तिशाली उपकरण है - लेकिन हम इसका उपयोग कैसे करते हैं यह तय करता है कि यह मदद करता है या नुकसान पहुँचाता है।

इसलिए इस अध्याय में, हम इसके बारे में जानेंगे:
- एआई के अच्छे और बुरे पहलू
- नैतिकता और सुरक्षा क्यों मायने रखती है
- एआई का ज़िम्मेदारी से उपयोग कैसे करें
- एआई को निष्पक्ष और दयालु बनाने के लिए आप क्या कर सकते हैं

नैतिकता क्या है?

नैतिकता का अर्थ है अंतर जानना :
- सही और ग़लत के बीच
- निष्पक्ष और अनुचित के बीच
- उपयोगी और हानिकारक के बीच

जब हम एआई नैतिकता की बात करते हैं, तो हम पूछ रहे होते हैं :
- क्या एआई सभी के साथ निष्पक्ष व्यवहार कर रहा है?
- क्या एआई लोगों की गोपनीयता की रक्षा कर रहा है?
- क्या इसका उपयोग सही कारणों से किया जा रहा है?
- क्या कोई इसके निर्णयों की जाँच कर रहा है?

एआई में भावनाएँ नहीं होतीं। यह निर्देशों का पालन करता है। इसलिए इसे मार्गदर्शन देना इंसानों पर निर्भर करता है।

एआई का अच्छा पहलू

आइए उन सभी अद्भुत चीजों को देखें जो एआई कर सकती है :

एआई का अच्छा उपयोग	यह कैसे मदद करता है
अस्पतालों में	बीमारियों का जल्दी पता लगाता है

शिक्षा में	हर बच्चे को अपनी गति से सीखने में मदद करता है
खेती में	फसलों को कीटों या सूखे से बचाता है
शहरों में	यातायात कम करता है और सुरक्षा में सुधार करता है
पर्यावरण के लिए	प्रदूषण को ट्रैक करता है और वन्यजीवों की रक्षा करता है

एआई, जब बुद्धिमानी से उपयोग किया जाता है, तो जीवन को आसान, स्वस्थ, सुरक्षित और स्मार्ट बना सकता है।

वास्तविक कहानी : एआई ने केरल में वैज्ञानिकों को उपग्रह डेटा का विश्लेषण करके बाढ़ का पहले पता लगाने में मदद की - जिससे कई जानें बचीं।

जब एआई गलत हो जाता है

यहां तक कि स्मार्ट मशीनें भी ख़राब निर्णय ले सकती हैं यदि वे :

- ख़राब डेटा पर प्रशिक्षित हों
- गलत लक्ष्य दिए गए हों
- अनुचित तरीकों से उपयोग किए गए हों

आइए जानें कैसे।

1. एआई में पूर्वाग्रह

एआई डेटा से सीखता है। लेकिन अगर डेटा में गलतियाँ या अनुचित उदाहरण हैं, तो एआई उन ग़लतियाँ को दोहराता है।

पूर्वाग्रह के उदाहरण:

- एक चेहरा पहचान प्रणाली जो गहरे रंग की त्वचा की तुलना में हल्के रंग

की त्वचा पर बेहतर काम करती है

- एक जॉब एप जो केवल लड़कों को नौकरियों की सिफारिश करता है
- एक एआई सहायक जो भारतीय लहजे या क्षेत्रीय भाषाओं को नहीं समझता है

यह क्यों होता है : यदि एआई ने केवल हल्के रंग के चेहरों की तस्वीरें देखीं या नौकरी के डेटा को पढ़ा जहाँ ज़्यादातर पुरुषों को काम पर रखा गया था, तो उसने उन पैटर्नों को सीखा - और उन्हें दोहराया।

- यह निष्पक्ष नहीं है, और यह ख़तरनाक है।

2. गोपनीयता समस्याएँ

एआई अक्सर व्यक्तिगत जानकारी के साथ काम करता है, जैसे:

- नाम
- तस्वीरें
- वॉयस रिकॉर्डिंग
- स्थान
- स्वास्थ्य रिकॉर्ड

यदि कंपनियाँ या एप इस डेटा की सुरक्षा नहीं करते हैं, तो यह हो सकता है:

- चोरी हो सकता है
- बिना अनुमति के साझा किया जा सकता है
- विज्ञापनों या घोटालों के लिए दुरुपयोग किया जा सकता है

बड़ा नियम : किसी की भी व्यक्तिगत जानकारी एकत्र करने या साझा करने से पहले हमेशा अनुमति माँगें - भले ही आप अपना ख़ुद का एआई प्रोजेक्ट बना रहे हों!

3. गलत सूचना और डीपफेक

एआई फ़र्ज़ी, ख़बरें फ़र्ज़ी तस्वीरें या वीडियो बना सकता है जो असली लगते हैं - लेकिन होते नहीं।

• डीपफेक वीडियो लोगों को ऐसी बातें कहलवा या करवा सकते हैं जो उन्होंने कभी नहीं कीं।
• चैटबॉट ग़लत तथ्य या हानिकारक सलाह फैला सकते हैं।
• फ़र्जी ख़बरें घबराहट या भ्रम पैदा कर सकती हैं।

अच्छी टिप : हमेशा स्रोत की जाँच करें। एआई उपकरण आपको जो कुछ भी बताता है उस पर विश्वास न करें।

4. ग़लत कारणों से इस्तेमाल किया गया एआई

कभी-कभी, एआई का उपयोग इसके लिए किया जाता है:
• लोगों पर उनकी जानकारी के बिना जासूसी करना
• लोगों को चीज़ें ख़रीदने के लिए धोखा देना
• बिना चेतावनी के श्रमिकों की जगह लेना
• हानिकारक सामग्री फैलाना या दूसरों को ऑनलाइन धमकाना

यही कारण है कि नियम और ज़िम्मेदारी इतनी महत्वपूर्ण हैं।

कौन ज़िम्मेदार है?

जब एआई ग़लती करता है, तो हम किसे दोषी ठहराते हैं?
• एआई को?
• इसे बनाने वाले व्यक्ति को?
• इसे बेचने वाली कंपनी को?

जवाब है : इंसान हमेशा ज़िम्मेदार होते हैं।

हमें यह सुनिश्चित करना चाहिए कि एआई:

- निष्पक्ष डेटा से सीखता है
- गोपनीयता का सम्मान करता है
- मदद करने के लिए उपयोग किया जाता है, नुकसान पहुँचाने के लिए नहीं
- स्पष्ट रूप से समझाया जाता है - ताकि लोगों को पता चले कि यह कैसे काम करता है

यहीं पर नैतिक एआई डेवलपर्स, शिक्षक और नेता आते हैं - और एक दिन, वह आप भी हो सकते हैं!

भारत इस बारे में क्या कर रहा है

भारत सभी के लिए सुरक्षित और समावेशी एआई बनाने पर काम कर रहा है।

राष्ट्रीय प्रयास:

- नीति आयोग ने "सभी के लिए एआई" रणनीति बनाई - अच्छे के लिए एआई का उपयोग करने के लिए।
- एआई उपकरणों का भारतीय भाषाओं में अनुवाद किया जा रहा है।
- एआई के दुरुपयोग को रोकने के लिए नियम बनाए जा रहे हैं - ख़ासकर डीपफेक और ग़लत सूचना के लिए।
- एआई शिक्षा के हिस्से के रूप में नैतिकता सिखाई जा रही है।

भाषिनी, एक राष्ट्रीय परियोजना, सभी भारतीय भाषाओं को शामिल करने के लिए एआई का उपयोग कर रही है - ताकि कोई भी पीछे न छूटे।

इंसान बनाम एआई: किसे फैसला करना चाहिए?

मान लीजिए एक रोबोट को चुनने के लिए कहा जाता है :

- स्कूल पुरस्कार के लिए किसे चुना जाता है?
- बैंक से किसे ऋण मिलना चाहिए?

• एक बच्चे को अगला कौन सा वीडियो देखना चाहिए?
क्या एआई को अकेले इन चीज़ों का फैसला करना चाहिए?
• नहीं। एआई मदद कर सकता है - लेकिन अंतिम निर्णय इंसानों को ही लेने चाहिए, ख़ासकर जब वे लोगों के जीवन को प्रभावित करते हों।
एआई तेज़ है, लेकिन इंसानों में भावनाएँ, निष्पक्षता और सामान्य ज्ञान होता है।

आप एक ज़िम्मेदार एआई उपयोगकर्ता कैसे बन सकते हैं?

यहाँ कुछ स्मार्ट आदतें हैं जिन्हें आप अभी शुरू कर सकते हैं:

प्रश्न पूछें

- यह डेटा कहाँ से आ रहा है?
- क्या यह एआई लोगों के साथ निष्पक्ष व्यवहार कर रहा है?
- यह एआई किसने और क्यों बनाया?

गोपनीयता की रक्षा करें

- बिना अनुमति के व्यक्तिगत जानकारी साझा न करें
- हमेशा जाँच करें कि कोई ऐप क्या डेटा एकत्र करता है

अच्छे के लिए एआई का उपयोग करें

- ऐसे उपकरण बनाएँ जो लोगों की मदद करें
- अनुचित पैटर्न या बुरे चुटकुलों की नकल न करें
- दूसरों को यह समझने में मदद करें कि एआई क्या है

सीखते रहें

- नैतिकता और सुरक्षा एक बार के सबक नहीं हैं
- सोचते रहें: "क्या यह सही काम है?"

एआई के क्या करें और क्या न करें

करें	न करें
लोगों की मदद के लिए एआई का उपयोग करें	दूसरों को नुकसान पहुँचाने या धोखा देने के लिए एआई का उपयोग करें
गोपनीयता की रक्षा करें	बिना पूछे डेटा एकत्र या साझा करें
निष्पक्ष और दयालु रहें	ऐसे चुटकुले बनाएँ जो चोट पहुँचाएँ या बहिष्कृत करें
नैतिकता के बारे में सीखते रहें	यह सोचें कि एआई हमेशा सही है
जरूरत पड़ने पर बड़ों से मदद माँगें	ऐसे उपकरणों का उपयोग करें जिन्हें आप नहीं समझते

अच्छे एआई उपयोग की वास्तविक जीवन की कहानियाँ

कहानी 1 : सुनने वाला चैटबॉट
दिल्ली में, एक स्कूल ने "होप" नामक एक एआई चैटबॉट बनाया है जो बच्चों से उनकी भावनाओं के बारे में बात करता है - जब वे चिंतित या दुखी महसूस करते हैं तो उनकी मदद करता है।

कहानी 2: गोपनीयता का सम्मान करने वाला एआई
केरल में, एक स्वास्थ्य एप दवा अनुस्मारक देने के लिए एआई का उपयोग करता है लेकिन उपयोगकर्ता का नाम या फोटो कभी नहीं बचाता - उनकी पहचान की रक्षा करता है।

कहानी 3: निष्पक्ष एआई क्विज़ गेम
गुजरात में, एक छात्र ने एक एआई क्विज़ एप डिज़ाइन किया जो सभी समुदायों के पुरुष और महिला रोल मॉडल को मिलाता है - ताकि यह सभी

का समान रूप से प्रतिनिधित्व करे।

सबक : छोटे विचार भी, सावधानी से बनाए गए, बड़ा अच्छा कर सकते हैं।

त्वरित पुनर्कथन

विषय	मुख्य विचार
नैतिकता	एआई में क्या सही और निष्पक्ष है यह जानना
पूर्वाग्रह	जब खराब डेटा के कारण एआई लोगों के साथ अनुचित व्यवहार करता है
गोपनीयता	व्यक्तिगत जानकारी को सुरक्षित रखना
जिम्मेदारी	इंसानों को एआई को मार्गदर्शन और जाँच करनी चाहिए
स्मार्ट उपयोग	ऐसे उपकरण बनाएँ जो सभी की मदद करें, रक्षा करें और शामिल करें

इसे स्वयं आज़माएँ!

1. एआई प्रतिज्ञा करें

• एआई का उपयोग या डिज़ाइन करते समय आप जिन 3 नियमों का पालन करेंगे उन्हें लिखें।

2. पूर्वाग्रह ठीक करें

• एक ऐसी स्थिति के बारे में सोचें जहाँ एआई अनुचित था। इसे बेहतर बनाने के लिए आप क्या बदल सकते हैं?

3. गोपनीयता पोस्टर

• एक पोस्टर बनाएँ जो आपके सहपाठियों को ऑनलाइन अपने डेटा की सुरक्षा कैसे करें यह सिखाता है।

आज का विचार

“स्मार्ट मशीनें शक्तिशाली होती हैं - लेकिन स्मार्ट दिमाग और दयालु दिल और भी शक्तिशाली होते हैं।
आइए एक ऐसा भविष्य बनाएँ जहाँ एआई सिर्फ बुद्धिमान ही नहीं... बल्कि समझदार भी हो।”

अध्याय 8

क्या मैं एआई सीख सकता हूँ?

हाँ, हाँ, हाँ! आप निश्चित रूप से आर्टिफिशियल इंटेलिजेंस सीख सकते हैं।

अगर आपने कभी पूछा है:

• "क्या बच्चे वाकई एआई के बारे में सीख सकते हैं?"

• "क्या मुझे कंप्यूटर जीनियस होने की ज़रूरत है?"

• "मैं कहाँ से शुरू करूँ?" तो इसका जवाब सीधा है: छोटे से शुरू करें। अभी शुरू करें। और आगे बढ़ते रहें। एआई अब केवल वैज्ञानिकों या इंजीनियरों के लिए नहीं है। यह हर किसी के लिए है - यहाँ तक कि आपके लिए भी। और इस अंतिम अध्याय में, हम आपको बिल्कुल दिखाएंगे कि कैसे शुरू करें।

मुझे एआई क्यों सीखना चाहिए?

आइए भविष्य की कल्पना करें।

आपके भविष्य के स्कूल में, आपके पास हो सकता है:

• एक रोबोट एक क्लास सहायक के रूप में
• व्यक्तिगत एआई क्विज़
• रचनात्मक परियोजनाओं में मदद करने वाला एआई आपके भविष्य की नौकरी में, आप शायद:
• स्मार्ट खेती के उपकरण डिज़ाइन करेंगे
• एआई-पावर्ड खिलौने बनाएँगे
• एआई को अपनी मूल भाषा समझने के लिए प्रशिक्षित करेंगे लेकिन आज भी, एआई सीखने से आपको मदद मिल सकती है:
• वास्तविक दुनिया की समस्याओं को हल करने में
• नए तरीकों से रचनात्मक होने में
• प्रौद्योगिकी के साथ बेहतर काम करने में
• अद्भुत करियर के लिए तैयारी करने में
• स्मार्ट उपकरणों के एक ज़िम्मेदार, नैतिक उपयोगकर्ता बनने में आप जितनी जल्दी शुरू करेंगे, यह उतना ही मज़ेदार होगा।

आपको क्या नहीं चाहिए

इससे पहले कि हम शुरू करें, आइए कुछ मिथकों को दूर करें।
आपको इसकी आवश्यकता नहीं है :

• एक लैपटॉप (शुरू करने के लिए एक फोन या टैबलेट पर्याप्त है)
• कठिन कोडिंग जानना
• गणित में शीर्ष पर होना
• कक्षा 10 या उससे अधिक उम्र का होना आपको बस चाहिए:
• जिज्ञासा
• रचनात्मकता
• निरंतरता अगर आपके पास ये हैं, तो आप तैयार हैं।

पहला क़दम : समझें कि एआई क्या है

हमने इसे पिछले अध्यायों में पहले ही कर लिया है। लेकिन यहाँ एक पुनरावृति है:

एआई का मतलब मशीनें हैं जो कर सकती हैं:
• सोचो
• सीखो
• निर्णय लो
• अनुकूलन करो वे समस्याओं को हल करने या कार्य करने के लिए डेटा (जानकारी) और पैटर्न का उपयोग करते हैं - ठीक वैसे ही जैसे हम इंसान करते हैं। एआई को एक उपकरण के रूप में सोचें - जैसे पेंसिल, पेंटब्रश, या कैलकुलेटर - लेकिन अधिक स्मार्ट।

दूसरा क़दम :
बच्चों के लिए बनाए गए एआई टूल आज़माएँ

आपको कॉलेज तक इंतज़ार करने की ज़रूरत नहीं है। यहाँ सरल प्लेटफ़ॉर्म हैं **जहाँ आपके जैसे बच्चे एआई बना सकते हैं:**

1. टीचेबल मशीन (गूगल द्वारा)
• वेबसाइट: https://teachablemachine.withgoogle.com
• यह क्या करता है: आपको अपनी आवाज़, छवियों या मुद्राओं का उपयोग करके एआई को प्रशिक्षित करने देता है।
• कोई कोडिंग की आवश्यकता नहीं!
• **उदाहरण :** "खुश चेहरा" बनाम "दुखी चेहरा" को पहचानने के लिए एक मॉडल को प्रशिक्षित करें

2. मशीन लर्निंग फॉर किड्स

• वेबसाइट: https://machinelearningforkids.co.uk
• स्क्रैच को सरल एआई के साथ जोड़ता है
• आपको चैटबॉट, इमेज सॉर्टर और बहुत कुछ बनाने में मदद करता है

3. स्क्रैच

• वेबसाइट: https://scratch.mit.edu
• जबकि यह ख़ुद एआई नहीं है, कई बच्चे इसका उपयोग स्मार्ट प्रोजेक्ट बनाने के लिए करते हैं
• आप अक्षरों को उत्तरों, समय या विकल्पों के आधार पर प्रतिक्रिया करने के लिए बना सकते हैं - यह क्रिया में तर्क है!

4. टॉक टू बुक्स (गूगल एआई द्वारा)

• वेबसाइट: https://books.google.com/talktobooks
• एक प्रश्न पूछें, और यह प्राकृतिक भाषा एआई का उपयोग करके वास्तविक पुस्तकों से उत्तर दिखाता है

तीसरा क़दम: एआई गेम खेलें

खेल कर सीखें!

गेम/ऐप	यह क्या सिखाता है
एआई डंगऑन	एआई की मदद से कहानियाँ बनाएँ
कॉग्निमेट्स	एआई को आपके साथ गेम खेलने के लिए प्रशिक्षित करें
क्विक, ड्रॉ!	एआई आपके डूडल का अनुमान लगाता है
अकिनेटर	एआई उस चरित्र का अनुमान लगाता है जिसके बारे में आप सोच रहे हैं

याद रखें : सीखना मज़ेदार और आश्चर्य से भरा हो सकता है!

चौथा क़दम:
एआई क्लब, कैंप और चुनौतियों में शामिल हों

स्कूल के अंदर के क्लब

• अपने शिक्षक से "एआई और टेक क्लब" शुरू करने के लिए कहें
• टूल खोजने के लिए अपनी लाइब्रेरी अवधि का उपयोग करें

ऑनलाइन कैंप

• Code.org, WhiteHat Jr, Tinkerly, CampK12, और कई अन्य एआई कैंप चलाते हैं
• सप्ताहांत में मुफ्त या कम लागत वाली कार्यशालाएँ देखें

एआई प्रतियोगिताएं

• गूगल कोड-इन (बड़े छात्रों के लिए)
• सीबीएसई और नीति आयोग एटीएल एआई चुनौतियां
• यूनेस्को एआई फॉर गुड यूथ चैलेंज आप छोटे प्रोजेक्ट बना सकते हैं, पुरस्कार जीत सकते हैं, और अन्य युवा एआई खोजकर्ताओं से मिल सकते हैं!

पांचवां क़दम: एक मिनी प्रोजेक्ट आज़माएँ

यहां पांच सरल प्रोजेक्ट विचार दिए गए हैं जिन्हें आप आज़मा सकते हैं:

1. मूड डिटेक्टर

• चेहरे के भावों का पता लगाने के लिए टीचेबल मशीन का उपयोग करें।
• इसे मज़ेदार संदेशों या इमोजी के साथ प्रतिक्रिया करने के लिए प्रशिक्षित करें।

2. स्मार्ट प्लांट मॉनिटर

• अपने पौधे को पानी की आवश्यकता होने पर अलर्ट करने के लिए सेंसर (वयस्क की मदद से) के साथ एआई को कनेक्ट करें।

3. क्विज़ बॉट

• एक चैटबॉट बनाएँ जो प्रश्न पूछता है और उत्तरों के आधार पर प्रतिक्रिया देता है।

4. एआई पेट क्लासिफायर

• कुत्ते बनाम बिल्ली की तस्वीरों को छाँटने के लिए एक एआई को प्रशिक्षित करें।

5. वॉयस-नियंत्रित कला

• वॉयस कमांड का उपयोग करके आकार बनाने के लिए स्क्रैच + एआई का उपयोग करें।

• डेटा अपलोड करने या नई वेबसाइटों तक पहुँचने से पहले हमेशा किसी वयस्क से पूछें।

जिज्ञासु दिमागों के लिए किताबें और संसाधन

• एआई + मी (सीबीएसई, कक्षा 8 एआई पाठ्यपुस्तक)

• यू लुक लाइक अ थिंग एंड आई लव यू – (बड़े बच्चों के लिए एआई का मज़ेदार परिचय)

• हैलो रूबी: एडवेंचर्स इन कोडिंग

• एआई फॉर किड्स – यूनेस्को और गूगल साइटों पर कॉमिक-शैली की ई-पुस्तकें उपलब्ध हैं

• यूट्यूब चैनल जैसे सिंपलीलर्न किड्स, कोडविदहैरी (बड़े छात्रों के लिए)

वास्तविक युवा एआई खोजकर्ताओं से मिलें

रूबेन पॉल (यूएसए/भारत)
6 साल की उम्र में कोडिंग शुरू की। 10 साल की उम्र में साइबर सुरक्षा एआई डेमो बनाए!

काव्या कोप्परप्पू (भारत/यूएसए)
स्कूल में रहते हुए एआई-पावर्ड आँख रोग का पता लगाने वाली प्रणाली बनाई।

गर्ल्स इन एआई (भारत)
एक अभियान जो कक्षा 6-10 की लड़कियों को एआई सीखने और स्थानीय समस्याओं को हल करने में मदद करता है - जैसे स्वच्छ पानी तक पहुंच, सुरक्षा उपकरण, या यातायात की समस्याएँ।

बड़ा सबक : एक छोटे विचार से शुरू करें - और इसे एआई के साथ बड़ा करें।

जो कुछ भी आप सीखते हैं उसे साझा करें

सीखना साझा करने पर बेहतर होता है।
• अपने दोस्तों को एआई के बारे में सिखाएँ
• अपने माता-पिता को अपना प्रोजेक्ट दिखाएँ
• अपने भाई-बहन को एक एआई अवधारणा समझाएँ हर बार जब आप सिखाते हैं, तो आप अधिक गहराई से सीखते हैं। आप यह भी बना सकते हैं:
• अपने स्कूल के लिए एक मिनी एआई अख़बार
• "एआई मुझे कैसे मदद करता है" पर पोस्टर
• सुबह की सभा में एक एआई कहानी कहने का सत्र!

त्वरित पुनर्कथन

कदम	आप क्या कर सकते हैं
एआई को समझें	कहानियों, उपमाओं और इस पुस्तक का उपयोग करें!
बच्चों के उपकरण का उपयोग करें	टीचेबल मशीन, स्क्रैच, मशीन लर्निंग फॉर किड्स
गेम खेलें	क्विक, ड्रॉ! और अन्य एआई-आधारित मजेदार उपकरण
क्लब और कैंप में शामिल हों	ऑनलाइन या स्कूल-आधारित एआई सीखना
छोटे प्रोजेक्ट बनाएँ	वॉयस बॉट, क्विज़, इमेज सॉर्टर
ज्ञान साझा करें	दोस्तों, परिवार और सहपाठियों के साथ

इसे स्वयं आज़माएँ!

1. अपने स्कूल के लिए एक एआई विचार डिज़ाइन करें
• यह क्या समस्या हल करेगा? यह कैसे काम करेगा?

2. एक "एआई एक्सप्लोरर जर्नल" बनाएँ
• हर हफ्ते, एआई के बारे में आपने जो सीखा है उसे लिखें या चित्र बनाएँ।

3. एक एआई का साक्षात्कार करें
• एक चैटबॉट या एआई टूल से बात करें और फिर उसने जो कहा उसके बारे में एक कहानी लिखें!

4. एक एआई विजन बोर्ड बनाएँ
• उन चीजों की तस्वीरें काटें और चिपकाएँ जिनमें आप एआई की मदद लेना चाहेंगे - साफ शहरों से लेकर स्मार्ट गेम तक।

आइए पहुँच और समावेशन के बारे में बात करें

भारत में, हर बच्चे के पास कंप्यूटर या इंटरनेट नहीं है। इसलिए हमें चाहिए:

• ऑफ़लाइन एआई लर्निंग किट बनाएँ
• ग्रामीण स्कूलों का दौरा करने वाली मोबाइल एआई लैब बनाएँ
• एआई लर्निंग टूल का क्षेत्रीय भाषाओं में अनुवाद करें
• हर पृष्ठभूमि के बच्चों को तकनीक का पता लगाने के लिए प्रोत्साहित करें

एआई सभी के लिए है - अमीर या ग़रीब, शहर या गाँव, लड़का या लड़की, विज्ञान-प्रेमी या कलाकार।

आज का अंतिम विचार

"आपको दुनिया बदलने के लिए बड़े होने का इंतज़ार करने की ज़रूरत नहीं है।
छोटे से शुरू करें, जिज्ञासु रहें, और उन समस्याओं को हल करने के लिए एआई का उपयोग करें जो आपके लिए मायने रखती हैं।"
भविष्य सिर्फ वही नहीं है जिसमें आप क़दम रखते हैं - यह कुछ ऐसा है जिसे आप बनाने में मदद करते हैं।

समापन खंड : आपकी एआई यात्रा अभी शुरू हुई है

बधाई हो! आपने आर्टिफिशियल इंटेलिजेंस पर अपनी पहली किताब पूरी कर ली है — और यह एक बड़ी उपलब्धि है।

अब आप जानते हैं :

• एआई क्या है और यह कैसे काम करता है
• आप हर दिन एआई का उपयोग कहाँ करते हैं (अक्सर बिना एहसास किए!)
• एआई एक बेहतर भारत बनाने में कैसे मदद कर रहा है
• एआई कौन से रोमांचक करियर बना रहा है
• निष्पक्षता, गोपनीयता और नैतिकता का महत्व
• और सबसे महत्वपूर्ण बात — कि आप भी एआई सीख सकते हैं

याद रखें: एआई बड़ों के लिए कोई रहस्य नहीं है। यह आपके लिए एक उपकरण है, अगली पीढ़ी के रचनाकारों, समस्या-समाधानकर्ताओं और परिवर्तन-निर्माताओं के लिए।

एआई में भारत का भविष्य सिर्फ कक्षाओं या प्रयोगशालाओं में नहीं है — यह आपके हाथों में है।

एआई शब्दों की शब्दावली

शब्द	अर्थ
एआई (आर्टिफिशियल इंटेलिजेंस)	स्मार्ट मशीनें जो इंसानों की तरह सोच, सीख और निर्णय ले सकती हैं
एल्गोरिथम	एक समस्या को हल करने के लिए निर्देशों की एक चरण-दर-चरण सूची
डेटा	जानकारी जिसका उपयोग एआई सीखने और निर्णय लेने के लिए करता है
मशीन लर्निंग	जब मशीनें उदाहरणों से सीखती हैं बजाय इसके कि उन्हें ठीक-ठीक बताया जाए कि क्या करना है
न्यूरल नेटवर्क	एक कंप्यूटर सिस्टम जिसे मानव मस्तिष्क के एक छोटे संस्करण की तरह काम करने के लिए बनाया गया है
चैटबॉट	एक कंप्यूटर प्रोग्राम जो लोगों से बात या चैट कर सकता है
पूर्वाग्रह	जब खराब या सीमित डेटा के कारण एआई किसी के साथ अनुचित व्यवहार करता है
गोपनीयता	व्यक्तिगत जानकारी को सुरक्षित और संरक्षित रखना
भविष्यवाणी	डेटा में पैटर्न का उपयोग करके लगाया गया एक स्मार्ट अनुमान
कोडिंग	निर्देश लिखना जिनका कंप्यूटर पालन कर सकते हैं
टीचेबल मशीन	एक उपकरण जहाँ बच्चे छवियों, ध्वनियों या मुद्राओं का उपयोग करके एक एआई मॉडल को प्रशिक्षित कर सकते हैं

गतिविधियाँ अनुभाग: करके सीखें

गतिविधि 1: एआई को पहचानें

आज आपने जो कुछ भी किया उसे लिखें। उन पर गोला लगाएँ जहाँ एआई ने आपकी मदद की होगी। (उदाहरण: यूट्यूब, गूगल मैप्स, कैमरा फिल्टर)

गतिविधि 2: एक डेटा जासूस बनें

अपने परिवार के 3 सदस्यों से उनके पसंदीदा फल के बारे में पूछें। एक सूची बनाएँ। कौन सा फल सबसे अधिक बार आता है?
यह डेटा का उपयोग करना है — ठीक एआई की तरह!

गतिविधि 3: अपनी ख़ुद की एआई कहानी लिखें

इस पंक्ति से शुरू होने वाली एक छोटी कहानी लिखें:
"एक दिन, मेरे एआई रोबोट ने एक आश्चर्यजनक निर्णय लिया..."
उसने क्या किया? क्या यह मददगार था? आगे क्या हुआ?

गतिविधि 4: अपनी ख़ुद की एआई नियम पुस्तिका बनाएँ

अपने "शीर्ष 3 नियम" बनाएँ कि हर अच्छे एआई को क्या पालन करना चाहिए। (उदाहरण के लिए: गोपनीयता का सम्मान करें, कभी झूठ न बोलें, हमेशा निष्पक्ष रहें।)

गतिविधि 5: अपना पहला एल्गोरिथम बनाएँ

एक साधारण कार्य के लिए चरण-दर-चरण निर्देश लिखें, जैसे:

- एक सैंडविच बनाना
- स्कूल के लिए तैयार होना
- एक स्माइली चेहरा बनाना

वह एक एल्गोरिथम है — और यह है कि एआई कैसे सीखना शुरू करता है!

पाठक को अंतिम संदेश

प्रिय युवा खोजकर्ता,

हमारे साथ इस रोमांचक यात्रा पर जाने के लिए धन्यवाद। आपने एक ऐसी दुनिया में पहला क़दम रखा है जहाँ स्मार्ट मशीनें और स्मार्ट इंसान मिलकर जीवन को बेहतर बनाने का काम करते हैं।

कभी सवाल पूछना बंद न करें। कभी कल्पना करना बंद न करें। और कभी न भूलें — भविष्य कुछ ऐसा नहीं है जो बस हो जाता है। यह कुछ ऐसा है जिसे आप बनाने में मदद करते हैं।

एआई के युग में आपका स्वागत है। और टीम में आपका स्वागत है।

— लेखक

www.ingramcontent.com/pod-product-compliance
Lightning Source LLC
LaVergne TN
LVHW100601051026
849519LV00003B/1053
9789371226158